台灣多奇廟
遊出好運道

楊逢元 著

誠心，必得神佛保佑

——板橋濟武宮 濟公活佛李修元

　　吾本名李修元，一年進京赴考，順利考上舉人。回鄉的路上，家鄉的表兄弟通知母舅侵佔家產，父母頓失依靠。趕回家後，我跪倒在雙親前，痛苦不堪。

　　後來聽從父母之意，希望用娶親來沖喜，或可轉變家運，就在成親當晚，我連夜離家，走了數日來到法海寺，我跪在觀音菩薩面前，懇求能夠收留長住。於是就在伙房裡做雜役，砍柴、燒飯。雖然經常遭到嘲笑、怒罵，但只要有空就念誦經文。有一年的冬天，降下大雪，水井都結凍了，師兄們欺負我，要我下到井裡，把冰打破取水。我只覺得全身冰冷，失去了意識。醒來後已經躺在床上，住持見狀不忍，就把我留在身邊。在這裡浸淫佛法大約 8 年。

　　後來我雲遊各地，到處掛單參學，來到了一座小觀音寺。住持非常慈悲，收留了我，家鄉卻也傳來妻子逝世的消息。我跪倒在住持前，悲痛萬分。痛哭道：「枉費自己苦心學道，但卻無以報恩，也無力解脫眾生之苦！」住持說：「學道就像鑿井取水，沒有找到水脈，怎能得水！必須苦其心志、歷經苦難，才能得到解脫之法！」於是我找到一處山洞，苦修 3 年。衣衫襤褸，三餐不繼，連化緣也常遭人笑罵。

　　一日來到河邊，聽見傳來聲音，要我過河。但眼見這河水湍急，危機四伏。但我心意已決，於是憑藉著不回頭的決心，跨開大步越過了河，數日後來到杭州靈隱寺。入寺後跪求住持收留，在寺裡一樣做劈柴等雜役，但修道之心不曾捨離，雖也受到師兄們的嘲笑和辱罵，百般刁難，甚至還放狗來咬我，把衣褲、袈裟咬得千瘡百孔，我拿著破衣褲在樹下縫補，忽見觀音大士前來，領我上到天庭，蒙

玉帝封為「濟顛」。

世人不知我已得道，我也繼續穿著破袈裟四處雲遊修道、渡化眾生。世人見我喝酒又吃肉，稱我瘋濟顛、臭和尚。又説我因為被狗咬，所以對狗有怨，愛吃狗肉，其實都是訛傳，喝酒和瘋癲的形象，其實在警示自己的不孝、歷經的磨難。

現代人如何能得福報？如何敬神能有福佑？在此勸勉世人多修福、修德，否則注定磨難！不論大廟、小廟，入廟三柱清香，拱手於胸，裊裊香煙直達天庭，誠心敬意，發自內心，方得諸天神佛庇佑！所謂修福，最基本從惜福做起，珍惜一點、一滴，一餐、一味都要感恩。修德要感念祖先德澤，反求諸己要常保口德、心德，行為舉止都要有德，不要口是心非、不要搬弄是非，因為世事皆有因果，修福、行德才有善果。

為這本書，概略地講述了我的生平、我的故事，所要強調的，是孝道的重要，身體髮膚，受之父母，要以孝為本，成為頂天立地的人。也希望在閱讀此書，從頭至尾，都要遵循孝道、修福、修德，敬神必定誠心，必得神佛護念。

目錄

PART 1
台灣多奇廟

台灣應該是全世界廟宇最密集的地區了。根據內政部民政司的統計資料，截自 2014 年底，「全國立案宗教團體」含有寺廟、教會堂、財團法人宗教基金會共有 13,305 間，對照「維基百科」截自 2016 年 7 月的全台超商數量統計，共 10,704 間。也就是說，廟宇的數量還高於超商的數量。而台灣超商的密度，已經是全球之冠。

台灣的廟宇不僅數量多，所奉祀的神明類型也不勝枚舉。舉凡從大陸原鄉帶來香火而立像供奉者、神明指示或託夢而立像者、地方傳奇或傳說人物等，各有名號、各有傳說；同一尊號神明，還有不同源流者。可以說，只要有「神」，就有人崇拜。

認識台灣的寺與廟──廟名學問大

凡是台灣普信的佛教、道教或民間信仰，大多統稱為「寺廟」。但很多人還是想分清楚，哪些是佛教、哪些是道教？一般來說，稱「寺」者多屬於佛教寺院，「宮」、「廟」、「觀」多指道教或融合民間信仰的廟宇。另有冠堂號的宮或廟，例如：「宣平宮醒覺堂」或「智成堂文武聖廟」，多屬於「儒宗神教」的廟宇，以扶鸞濟世，源自於大陸，但成立於台灣的教派。

如果還要再依宗教或教派來細分，可能就超越一般常識的範疇。台灣除常見的道教、佛教外，還有軒轅教、天帝教、一貫道、玄門正宗等。除一貫道外，其他教派的廟宇數量並不多，多屬於集會場所。

佛教寺院多稱寺、院、苑

↑新北市三峽佛光山金光明寺（佛）

↑桃園縣觀音甘泉寺（佛道）

↑花蓮縣吉安慶修院（佛教真言宗）

↑新北市汐止彌勒內院（佛）

　　台灣廟宇總數中，佛教寺院也佔了不少。在內政部的統計數據中，佛教寺院約有２千３百多座。

佛教寺院多稱「寺」。如北部知名的「善導寺」、「承天禪寺」、「農禪寺」、「臨濟護國禪寺」等；中部地區也有「中台禪寺」、「萬佛寺」、「蓮因寺」；南部有「佛光山寺」、「彌陀寺」；東部有「和南寺」、「地藏禪寺」等。以台灣的寺廟名稱來看，稱「寺」或「禪寺」者，十之八九都屬於佛教的寺院。

除了稱「寺」外，佛教也取意於佛經中的道場名稱。像是佛陀在鹿野苑講經說法，在兜率天宮彌勒內院說法，所以佛教道場也以「院」與「苑」命名，例如：「大佛禪院」、「彌勒內院」、「西蓮淨苑」等。

但也不是所有稱「寺」或「庵」者就屬佛教道場，像是新莊知名的地藏庵，就是融入道教信仰的廟宇，雖主祀佛教的地藏王菩薩，但也陪祀文武大眾爺與其他神明，也舉辦道教的禮斗法會、祭解儀式等，是傳統典型的佛道融合的道場。另一著名的例外是台北艋舺龍山寺，分靈自福建晉江龍山寺祖廟。而晉江龍山寺在創立時雖為佛寺，但逐漸融入民間與道教信仰，也成為泉州三邑（晉江、惠安、南安）的信仰中心。所以，艋舺龍山寺沿襲祖廟的信仰，主祀千手觀世音菩薩，也融入許多陪祀神，像是媽祖、關聖帝君、文昌帝君、華陀及月老星君等，禮拜科儀也融合佛、道教。

而台灣廟宇中也有少數稱「寺」，卻屬於道教廟宇的。像是蘆洲湧蓮寺，融合釋、儒、道三教的神明；供奉濟公禪師的富福頂山寺（貝殼廟）等。

↑台南市南鯤鯓代天府　　↑新竹縣北埔鄉灶君堂

↑新北市新店臨水宮　　　　↑台北市景美集應廟

↑台南市祀典武廟　　↑台南市天壇

道教寺院常用宮、觀、廟、殿、府、堂、壇

　　台灣純道教設立的宮、觀或廟不算太多，而一般常見廟宇的祭祀多用道教科儀，也多以道教團體名義登記。廣義來說，除了佛教寺院外，一般廟宇多可視為道教廟宇的範疇。

傳統道教的崇祀場域，多稱「宮」或「觀」。漢代《三輔黃圖》中說：「周置兩觀，以表宮門。登之可以遠觀，故謂之觀。」《史記封禪書》：「仙人好樓居，上令長安作蜚廉桂觀，甘泉作益壽觀。」所以，「宮」指宮殿，「觀」是宮殿的高樓，象徵崇高的地位，多用在帝、后、王爺級的神明。像是「天后宮」，奉祀關聖帝君的「協天宮」，奉祀保生大帝的「保安宮」；「殿」有奉祀玄天上帝的「北極殿」、高雄的「文武聖殿」，及供奉東嶽仁聖大帝的「東嶽殿」等，以此來代表所奉神祇為帝王、天后、帝君級的神明。也因為仙人好樓居而建「觀」，所以也以宮觀來做為奉祀神仙的場域，遂以宮、觀命名。如宜蘭三清宮、三清觀，新竹的全真教九玄宮道觀等。

　　而古來紀念先聖、先賢者多稱「廟」，如東漢以後將祭祀先祖的地方稱做「太廟」，民間也設「家廟」做為宗族祭祀祖先的場所，新竹「開臺進士」鄭用錫家族，就設有鄭氏家廟，台南鄭氏也為延平郡王鄭成功設立鄭氏家廟。

　　而中國歷史上也多為受褒封的聖賢立廟紀念，像是孔廟、紀念關羽的關帝廟、紀念岳飛的岳廟，或奉祀安史之亂功臣張巡、許遠的雙忠廟、集應廟等。台灣昔日官建或官祀者也沿襲此做法，如新莊武聖廟、台南祀典武廟，自福建安溪移民至景美地區的高、張、林三姓，也在景美、萬隆、木柵分立集應廟。

　　此外，台灣的廟宇也常用「府」、「堂」、「壇」等來命名。「府」、「堂」指的是官府、官衙辦公的場所，以此命名來符合神職。例如奉祀楊家將的「天波府」、馬祖北竿奉祀蕭太傅的「玉封蕭王府」及供

奉五府千歲的「南鯤鯓代天府」等。以「堂」命名的有奉祀瑤池金母的「慈惠堂」，奉祀司命真君的「灶君堂」。但也有小型佛堂以堂為名的，像是最近頗受爭議的「龍發堂」。儒教（儒宗神教）也多以堂命名，像是宜蘭喚醒堂、埔里育化堂；一貫道的道場也多稱某某佛堂。

而「壇」指的是祭祀的高台，例如古時皇帝祭天的天壇。台南市奉祀玉皇大帝的廟稱天壇，新竹市也有「天公壇」。壇也有法壇之意，所以也有道教道場以「壇」為名，但多屬小型的道壇，例如：府城穎川道壇、新竹靈真壇等。

↑桃園市蘆竹玉京聖殿

↑淡水龍山寺主祀觀音佛祖　　　　　↑艋舺龍山寺主祀觀音佛祖

↑礁溪協天廟主祀關聖帝君　↑台南市北極殿主祀玄天上帝

↑台南市學甲慈濟宮主祀保生大帝　　　↑九份福山宮主祀福德正神

從廟名可看出所祀神明

　　台灣廟宇的命名，除了可理解它所屬的宗教／教派，也可以瞭解廟中的主祀神明。像是龍山寺，台灣就有5座，分布在淡水、艋舺（台北市）、鹿港、台南及鳳山（高雄市），既以龍山寺為名，即代表源自於晉江龍山寺，主祀神明即為觀世音菩薩。

　　相同的，奉祀玄天上帝的廟多稱「受天宮」、「北極殿」。而土地公廟多以「福德」為廟名，像是供奉全台最大金身土地公的四結福德廟、烘爐地的南山福德宮；或是在廟名中加上「福」字，例如九份「福山宮」、新竹「境福宮」和車城「福安宮」等。

　　而供奉關聖帝君的廟宇，則多稱關廟、關帝廟或武廟。因關聖帝君受封為協天大帝，所以廟宇也稱「協天宮」或「協天廟」。

　　而信眾遍布全台的「慈惠堂」，則是「母娘」信仰的廟宇，台灣各地幾乎都有「慈惠堂」，所以廟名「慈惠堂」，十之八九都是主祀西王母（瑤池金母）的廟宇。

　　此外，供奉保生大帝的多以「保」字命名，例如「保安宮」、「保和宮」等，或沿用祖廟「慈濟宮」的「濟」字命名，像是「興濟宮」、「廣濟宮」、「濟安宮」等。

　　廟名多與所祀神明或傳承有關，類似的情況還有不少，又如「三元宮」即主祀三官大帝，能從廟名看出所祀神明，也是台灣廟宇的一大特色。

↑台北市松山慈惠堂主祀瑤池金母

寺廟常見奉祀神明

台灣早年的廟宇，多源自祖籍地的信仰。為了平安渡過「黑水溝」（台灣海峽的舊稱），為了祈求墾荒能夠避免瘴癘和原住民族的侵擾，而隨身、隨船帶著神明的香火。當開發有成後，地方逐漸發展成聚落，就將香火以小屋奉祀，繼續保佑生活平安，保佑收穫、交易能積集財富。

所以，從各鄉鎮古廟的主祀神明，就能看出居民來自何地。像是福建泉州安溪的移民大多奉祀清水祖師，漳州移民的廟就常見到開漳聖王，客家籍的村莊就常見三山國王和三官大帝（三界爺）。

除了原鄉的信仰外，民間普祀的神明，也大多反映出對於生活的需求。像是希望後代能出人頭地，就拜文昌帝君；希望多子、多孫、多福氣就拜註生娘娘；希望農作順利就拜神農大帝；希望生意興隆、出入平安就拜土地公。因應現代社會交友不易，對婚嫁的需求也隨之升高，像是台北霞海城隍廟，就成了求姻緣的聖地。

所以說，民間信仰將神明區分成各有不同「專長」，各有不同的職掌，也就是求什麼事就該拜什麼神。所以，求財的拜財神廟，求考試順利的拜文昌廟……拜拜這件事就不只是求平安、求健康而已。瞭解不同神明的故事，除了拜拜時能多了親切感，也更能得到靈感，讓拜拜更有故事畫面。

↑ 月老星君主人間姻緣

佛教寺院的佛、菩薩與護法

　　台灣的佛教寺院雖然不像一般廟宇被當做平日或節慶拜拜的地點，但是佛教所供奉的佛、菩薩仍受到一般民眾的崇拜。一般人會到佛寺也會到廟宇拜拜，特別是風景優美、環境典雅的佛寺，也常是民眾參訪的地方。而且不少廟宇也融入佛教的神明，像是如來佛、觀音佛祖等；或是以佛寺為名的廟宇，像是龍山寺，也供奉道教和民間信仰的神明，正殿供奉的是千手觀音，後殿供奉的是媽祖、關聖帝君和文昌帝君等。

✱ 佛教教主──釋迦牟尼佛

　　佛寺的正殿大多稱「大雄寶殿」，而大雄寶殿中主要供奉的就是佛教教主釋迦牟尼（釋迦佛）。而「大雄」是什麼意思？可能很多人都不清楚，其實就是佛經中對釋迦牟尼佛的尊稱。《妙法蓮華經卷五》中就尊稱釋迦牟尼佛為「大雄世尊」。

　　但是一般人對於佛寺中的釋迦牟尼佛、阿彌陀佛，甚至是藥師佛，常常分不清楚，其實還是可從祂們的手勢、手中的聖物或是和誰同祀（分列左右奉祀於同一神龕中）來區分。最簡單的分辨方式就是看「同祀」，釋迦牟尼佛最常見的同祀為阿難與大迦葉尊者。

　　說到釋迦牟尼的故事，大家都有概略印象。知道祂是佛教的教主，祂是印度的王子、出家修練後成佛，祂是將孫悟空壓在五指山下的如來佛。

　　其實，「釋迦牟尼」是尊稱，意思是釋迦族的聖者。祂姓喬達摩，名悉達多。出生在西元前 511 年（各教派有不同說法），地點在尼泊爾南方的藍毗尼（Lumbini），父親是印度迦毗羅衛國（今尼泊爾境內）釋迦族中一位德高望重的國王淨飯王，母親是摩耶夫人。誕生之時，向十方周行七步，說：「天下天下，唯我獨尊；三界皆苦，我當

↑ 四川省峨眉山市大佛禪院供奉之釋迦牟尼佛

↑ 大雄寶殿即供奉「大雄世尊」釋迦牟尼佛的聖殿

安之。」意思是人人皆有佛性。所以每年的浴佛節（農曆四月初八），就以淨水沐浴佛陀太子來紀念，而這太子的形象就是一手指天、一手指地，赤足腳踩蓮花。

大家也都知道釋迦牟尼在菩提樹下悟道成佛。而祂成佛的契機是忍受饑餓痛苦，卻暈了過去，得到牧羊女餵食羊乳後才甦醒，體悟到苦修並非中道。而後轉往菩提迦耶菩提樹下靜思，悟得解脫之道。並說：「奇哉奇哉，一切眾生，皆具如來智慧德相。」也就是說：「眾生皆有佛性。」

後來釋迦牟尼佛開始周遊印度，在鹿野苑、祇園精舍等處說法45年。於拘尸那揭羅的娑羅雙樹下，入滅涅槃。後來僧團經過4次結集，著成經典，開始了南傳、北傳及藏傳，成為全球主要的宗教之一。

釋迦牟尼佛不僅被奉為佛教教主，佛教北傳以後進入中國。明代以後，道教盛行，也將釋迦牟尼佛納入道教神明系統中，稱作如來佛祖。著名的神異小說《西遊記》，將如來佛描寫為至高無上的神明。

另外，釋迦牟尼佛左右兩側的侍者為阿難和大迦葉，這兩位尊者是佛陀託付佛法的兩大弟子。《增壹阿含經卷第三十五》中就提到：「我今持此法付授迦葉及阿難比丘今日囑累汝經法，無令脫失。」

其實佛陀十大弟子各有超凡本事，也難以在此一一介紹，像是「神通第一」目犍連、「天眼第一」阿那律，都有傳奇故事，有興趣者可以參考《十大弟子傳》。

迦葉尊者（大迦葉）勤修苦行，十大弟子中稱「頭陀第一」，也是得到釋迦牟尼託付正法眼藏之人。《大梵天王問佛決疑經拈華品第二》中說：「我有正法眼藏、涅槃妙心，實相無相、微妙法門，不立文字，教外別傳，總持任持，凡夫成佛，第一義諦，今方付屬摩訶迦葉。」這就是俗稱的「捻花微笑」——只可意會不可言傳。所以大迦葉也被奉為禪宗西天初祖，釋迦牟尼佛像旁的頭陀長者即為大迦葉。

「多聞第一」的阿難尊者，其實也是佛陀的堂弟，父親是白飯王。阿難尊者的傳說及故事也很多，最常被談論的是，祂在十大弟子中最後一位證得四果羅漢。原因是祂強記多聞，但疏於修行。所以在佛涅槃後，大迦葉為了成就阿難，於是在第一次結集經典時，只邀請證得

四羅漢果以上的尊者參加，並且責備阿難。於是阿難痛下決心，精進修行，7日後就證得四羅漢果，主持了「經」的結集。再者，阿難也是位相好莊嚴的比丘，傳說中有段愛上美麗女子的故事。「我願化身石橋，受那 500 年風吹，500 年日曬，500 年雨淋，只求她從橋上經過。」當然，這並不是淒美的愛情故事，而是相遇卻不能相見的遺憾。

↑大迦葉尊者　　↑阿難尊者

　　楊紫瓊所主演的電影《劍雨》，也引用了這段話，描述的卻是確確實實的無悔愛情，令人動容。因為釋迦牟尼佛同時付法與迦葉與阿難尊者，所以釋迦牟尼佛旁的年輕比丘就是阿難。

⊙ **形相特徵**

太子降生相：一手指天，一手指地。

禪定相：結跏趺坐，兩手禪定手印。

成道相：結跏趺坐，右手撫膝為降魔印，左手禪定印。

說法相：結跏趺坐，雙手或單手置於胸前結說法印。

涅槃相：右向側臥，右手支頭，常見臥佛相。

⊙ **聖誕：農曆四月初八（成道十二月初八）**

✱ 三寶佛與西方三聖

↑四川峨眉山市大佛禪院西方三聖

↑花蓮縣秀林鄉禪光寺三寶佛

在佛寺中或有些廟宇中也常看到「三寶殿」，顧名思義供奉著三寶佛。

最常見的三寶佛是：釋迦牟尼佛、藥師佛及阿彌陀佛。也有三寶殿供奉的是三身佛：法身毗盧遮那佛、化身釋迦牟尼佛、報身盧舍那佛；或是三世佛：過去燃燈佛、現在釋迦牟尼佛、未來彌勒佛。

三寶佛居中者為釋迦牟尼佛，左邊是東方琉璃淨土藥師佛，手捧琉璃寶塔；右邊是西方極樂世界阿彌陀佛，手捧（執）蓮花。但不同寺院所立的三寶佛也各有不同形相、不同的手勢或所持的聖物，像是藥師佛有的手捧寶塔，有的手捧寶珠。

而三身佛（法身、應身、報身）與三世佛（過去、現在、未來）的形相比較難以分辨，只有在大陸歷史比較久遠的寺院中可以見到台灣少見的形相。也許因為三身佛或三世佛大多是佛經中的描述，意義大於實際上的形相。

除了三寶佛，「西方三聖」是佛教淨土宗常見的佛像。指的是西方淨土極樂世界的三位主要佛菩薩。居中者為阿彌陀佛，左邊是觀世音菩薩，右邊是大勢至菩薩。手執淨瓶的是觀世音菩薩，手執蓮花的就是大勢至菩薩。

⊙ 形相特徵

三寶佛：釋迦牟尼、藥師佛、阿彌陀佛，或三身佛、三世佛，中立者皆為釋迦牟尼佛。

西方三聖：中立者阿彌陀佛，左為觀世音菩薩，右為大勢至菩薩。

✳ 聞聲救苦——觀世音菩薩

↑桃園市觀音甘泉寺之楊柳觀音　　↑台南大觀音亭之觀音佛祖

　　觀世音菩薩是神怪小說或電影中常見的神明，台灣廟宇中也幾乎都會供奉觀世音菩薩。觀世音菩薩聞聲救苦，深受佛教徒及民眾的愛戴。原因之一是關於祂的《妙法蓮華經觀世音菩薩普門品》：「若有無量百千萬億眾生，受諸苦惱，聞是觀世音菩薩，一心稱名，觀世音菩薩即時觀其音聲，皆得解脫。」而且祂有至高的慈悲與願力，「千處祈求千處現，苦海常作度人舟。」

　　佛教稱祂觀世音菩薩，但在民間信仰中多稱「觀音佛祖」，認為觀世音菩薩早已成佛，也是對祂的崇敬。這也不是沒有依據的，在佛教《千手千眼觀世音菩薩廣大圓滿無礙大悲心陀羅尼經》中就說：「觀世音菩薩，不可思議之神力，已於過去無量劫中，已作佛竟，號正法明如來，大慈願力，安樂眾生故，現作菩薩。」

　　觀世音菩薩是最受民間信仰的佛教菩薩，不僅是祂聞聲救苦，民間也流傳許多關於祂化身救人的傳說。「魚藍觀音」就是一個例子，記載的版本很多，在此記述其一：

宋朝時海門縣（今江蘇南通市）金沙灘的百姓以漁為業，殺業很重，且有個姓馬的惡人橫行鄉里。玉皇大帝知情後勃然大怒，就令龍王水淹金沙灘。但觀世音菩薩悲憫蒼生，就向玉帝請命前去勸阻眾生不再造惡，以此來避免這場災難。

於是觀世音菩薩就變身為一位提著魚籃的漁婦，蓬頭垢面的無人理會，所以又再變身成美貌少女，立刻就造成轟動。姓馬的惡人見少女美似天仙，就想強娶她為妻。而少女說：「求親者太多，如果誰能吃素、行善，背誦法華經者，就嫁給他。」一時之間，村民爭相到佛寺學經，多達千人。但要能背誦法華經豈是容易的事，於是紛紛打消念頭。但是觀世音菩薩偷偷地對馬惡人吹口氣，讓他很快地就背熟了法華經。於是，馬惡人歡歡喜喜地準備素筵娶親。但菩薩化身的少女一進門不久，就昏死過去。馬惡人傷心不已，就改過向善，不再為惡，金沙灘也成為善之地。後來，菩薩再化身為和尚，前來找尋魚籃少女，馬惡人悵然說她已經死去。和尚就打開棺木，只見一具金身。就告訴眾人說，「這是觀世音菩薩顯化，你們要持續吃素行善，必有福蔭。」然後就以錫杖挑起金身，緩緩升空而去。眾人見魚籃少女與和尚在空中合而為一，莫不驚歎！

因為觀世音菩薩聞聲救苦、有百千萬億化身。所以不同化身的故事，也有不同的形相。像是民間流傳的騎龍觀音，以及千手千眼觀音、楊柳觀音、送子觀音等，甚至還有三十三觀音化身的形相。

⊙ **形相特徵**

觀世音菩薩形相佛、道略有差異，常見者為左手持淨瓶、右手執柳條，為楊柳觀音，亦有十八手觀音、千手千眼觀音等。而傳統廟宇中的觀音佛祖則多為坐像，頭戴寶冠。

⊙ **聖誕**：農曆二月十九（成道六月十九、出家九月十九）

✳ 四大菩薩之大智文殊、大行普賢、大願地藏

↑文殊師利菩薩手持利劍、 ↑地藏菩薩右手執法杖、左手持明珠
以獅子為坐騎

↑地藏菩薩坐騎「諦聽」，是傳說中的聖獸　↑普賢菩薩乘六牙白象

此外，佛教中也有「四大菩薩」的稱號，包括：觀世音菩薩、文殊師利菩薩、普賢菩薩和地藏王菩薩。而佛寺的寶殿中也常見騎獅子的文殊菩薩與騎六牙白象的普賢菩薩。

文殊師利菩薩或簡稱文殊菩薩，是四大菩薩中智慧的代表。文殊菩薩手持利劍，象徵能破一切障礙，得無上智慧；坐騎獅子，代表勇猛精進，能衝破一切煩惱。

普賢菩薩又稱十大願王、普賢王菩薩，祂有無量大行、弘深誓願，能守護一切佛子不受煩惱魔障。坐騎是六牙白象，六牙象徵六種清淨，四足代表四大功德。

地藏王菩薩或稱地藏菩薩，佛教與道教都尊為幽冥教主，也是佛教與廟宇都普遍供奉的菩薩，因為祂的誓願是：「地獄不空，誓不成佛。」所以大多奉於「功德堂」，也就是供奉開山祖師或功德主的殿堂。

但是把地藏菩薩當做主掌幽冥的教主，實是誤解！原因也應與講述地藏菩薩恢弘大願的《地藏經》有關。其實，《地藏經》是釋迦牟尼佛在忉利天宮為母親摩耶夫人所說的經典，其中主要是佛陀讚嘆地藏菩薩不可思議的大願。應該是因為經中有地藏菩薩為摩耶夫人講述地獄名號，加上經中提到不少大鬼王，因此民間就流傳地藏菩薩為地獄最高主宰。所以才會有把《地藏經》當作度亡經典，或說唸《地藏經》「招陰」的說法。

地藏菩薩的形相十分鮮明，祂一手握錫杖、一手捧明珠，坐騎是一隻像獅子的神獸「諦聽」，或稱「地聽」、「善聽」。「諦聽」的樣貌為虎頭、獨角、犬耳、龍身、麒麟足、獅尾。但也有比較親切的說法，傳說地藏菩薩在唐朝時降生在新羅國（韓國），名金喬覺，出家後帶著神犬「諦聽」來到中國安徽的九華山修行。所以九華山就被視為地藏菩薩的聖地，九華山上仍留有金喬覺修行的地藏洞，和保存全身舍利的護國月身寶殿。

⊙ 形相特徵

文殊菩薩：坐騎獅子，手執智慧寶劍。

普賢菩薩：坐騎六牙白象，手執蓮花。

地藏菩薩：坐騎「諦聽」，頭戴毗盧寶冠，身披袈裟，右手執錫杖，
　　　　　左手捧寶珠。

⊙ 聖誕：文殊菩薩四月初四、普賢菩薩二月二十一、
　　　　地藏菩薩八月十五

✳ 鎮守山門四大天王

↑四大天王多立於山門，或設天王殿

　　佛教將天界分為欲界6天、色界18天、無色界4天，共28天。
欲界第一天為四天王天，也是最接近人間的天界，由四大天王統率，
分別是：東方持國天王、南方增長天王、西方廣目天王、北方多聞天

王。

　　四大天王也出現在《封神演義》中，祂們為紂王陣營的「魔家四將」：魔禮青、魔禮海、魔禮紅、魔禮壽。在聞太師領軍下討伐西歧，但全死於黃天化的「攢心釘」。姜子牙最後封神時，將魔家四將封為四大天王。

　　其實，四天王天最接近人間，所以主掌人間禍福、審察善惡。佛經《佛說四天王經》中就說到：四天王與太子、使者們在每月的 8 日、14 日、15 日、23 日、29 日及 30 日巡行天下，審察人間善惡。祂們會護衛守善持戒者，如果逆道行惡，就會有凶疫惡鬼侵害，死後墮入惡道。所以這 6 天又稱作「六齋日」，如果吃素、行善就可以獲得福報；如果行惡，惡鬼就會伺機侵害。

　　四大天王各轄八部將，鎮守一方。民間信仰中也認為四大天王護衛天下，能使風調雨順。所以，在廟宇中的天王形相，四大天王各執一物，做為譬喻。南方增長天王手執利劍，象徵「風」（鋒利，取同音之義）；東方持國天王手執琵琶，象徵「調」（取調琴之義）；北方多聞天王手執傘蓋，象徵「雨」；西方廣目天王手擒龍象徵「順」（順服）。

　　所以，大型的佛寺多會在山門，或入寺後設天王殿，立四大天王像。民間廟宇或廟中的凌霄寶殿也用四大天王做為門神裝飾或彩繪。

⊙ 形相特徵
四大天王手執法器各不同，南方持劍（風）、東方持琵琶（調）、北方持傘（雨）、西方持龍（順）

✳ 佛門二大護法——韋陀菩薩、伽藍菩薩

↑韋馱菩薩為勤修清淨梵 ↑關聖帝君因皈依佛法傳說而被奉為伽藍護法
行的護法大將

　　在佛教或佛化寺廟中，也常見手執寶杵的韋陀（或作韋馱）菩薩
及伽藍菩薩。韋陀菩薩為白面武將，身披金甲、手執寶杵；伽藍菩薩
為紅臉武將，身披鎧甲，手執關刀，形象多取材自關公。

　　韋陀護法在佛教中是廣受推崇的。佛經中記載，韋陀是南方增長
天王座下八神將之一，也是四天王轄下卅二神將之首。傳說，釋迦牟
尼涅槃後，有邪魔搶走了佛交給天王的舍利子。韋陀即大顯神威、疾
行追趕，終於奮力奪回，而被尊為佛教最有威神力的護法神。所以在
佛門日常課誦中也納入〈韋陀讚〉：「韋馱天將菩薩化身，擁護佛法
誓弘深，寶杵鎮魔軍。」

　　也有傳說韋陀累世修持「清淨梵行」，受佛陀囑咐守護東、西、
南三洲，所以又尊稱「三洲感應」。因為祂修行勇猛精進，所以最後
也將成就佛道，為賢劫千佛最後一尊，號樓至佛。

　　而韋陀菩薩的塑像，也有說法與寺院是否接待吃住有關。如果天
王殿中的韋陀是手持或合掌平端金剛杵，則表示接受雲遊掛單；如果

是金剛寶杵拄地，則不接受掛單。

　　佛門的另一位護法為伽藍菩薩，顧名思義就是「伽藍」的護法神。「伽藍」是古梵語，意思是僧眾共住的園林、聽受佛法之處，就是寺院。其實就佛教經典中的記述，伽藍護法神並不專指一人。《七佛八菩薩所說大陀羅尼神呪經》〈第四卷〉中就記載：「護僧伽藍神斯有十八人，各各有別名，一名美音，二名梵音，三名天鼓，四名巧妙，五名歎美，六名廣妙，七名雷音，八名師子音，九名妙美，十名梵響，十一名人音，十二名佛奴，十三名歎德，十四名廣目，十五名妙眼，十六名徹聽，十七名徹視，十八名遍觀。」

　　而自唐朝以後，北傳中國的佛教多以關羽的形相做為伽藍護法，這應與關羽英魂在玉泉山皈依佛法有關。《佛祖統紀》中記載：隋開皇 12 年（西元 592 年）12 月，天臺宗祖師智者大師來到荊州，想在玉泉山上建造精舍。有一日，他跌坐入定，忽然之間天地晦暗、風雨怒號、妖怪倏變。空中現出關羽顯靈，率領鬼神幻化出各種恐怖的景象，以此來擾亂智者大師。但大師面無懼色，並大聲喝斥關羽生死本來就有輪迴，你竟然還貪戀生前的榮華富貴！話一說完，所有的妖象全都消失。當晚，皓月當空，關羽現身，並向智者大師求授五戒，正式成為佛弟子，並且誓願作為佛教的護法。

　　因此，佛寺就多以關羽做為伽藍護法的代表。當然，以民間信仰對關帝的崇信與地位，若屈就於佛寺中當護法，自然是不能接受的。

⊙ **形相特徵**
韋陀護法：白面武將，身披金甲，手持寶杵。
伽藍護法：紅面武將，身披戰甲，手執大刀。

⊙ **聖誕：**韋陀護法農曆六月初三、
　　　　　伽藍護法農曆五月十三日或六月二十四日

道教與民間信仰諸神

　　道教的理論、經典或科儀，為民間信仰不可缺少的基礎。像是建醮、拜斗、普渡等，都會請來法師，誦經並操演道教的儀式。而民間信仰的神明體系中，也以道教的神仙做為基礎，再融入在地的信仰或地方守護神。所以，民間信仰或道教，都以玉皇大帝為天界最高的神祇。

✳ 天界最高主宰──玉皇大帝

↑台中市南天宮玉皇大帝（天公）

　　不論是廟宇所祀神明，或民間對神明位階的認知，玉皇大帝都被奉萬物的主宰，是象徵地位最高的神祇。

　　自周朝以降，歷代皇室皆有祀天之禮，稱昊天大帝。如《周官》曰：

「大宗伯掌天神之禮，以禋祀祀昊天上帝，以實柴祀日月星辰，以槱燎祀司中司命風師雨師。」漢代劉向《五經通義》曰：「神之大者，昊天上帝。」

　　所以從祀天之禮而到神明崇拜，昊天上帝都被視為最高神祇。道經《上清靈寶大法》〈卷四〉也奉昊天上帝為天主、最高神祇：「昊天上帝，自三炁化生，高出乾坤之表，生萬物而不載也，三才肇立，炁清高澄，積陽成天，萬彙之源，豈應無主。故以形象言之謂之天，以主宰言之謂之帝，出治於玄炁之下，而尊於三界之上，是為天主。」〈卷廿七〉：「昊天上帝，為萬天之主宰，統御萬靈。」所以在道教的系統中，有玉皇上帝乃「一炁化三清」之「三清」所化，上掌卅六天、下轄七十二地，掌理神、仙、佛、聖、人間及地府一切事物。所以尊太上老君為「道之祖」，一生化二，二生化三，即「三清道祖」。三生化萬物，三清化上帝，為萬物主宰。

　　而至宋代以後，昊天上帝才開始有了玉皇大帝的稱號。宋真宗稱遠祖趙玄朗得玉皇之命而降授天書於趙宋，於是贈「太上開天執符御歷含真體道玉皇大天帝」聖號。後來宋徽宗又加贈「太上開天執符御歷含真體道昊天玉皇上帝」，自此統御三界的最高神祇即被稱為玉皇大帝、玉皇上帝。

　　玉皇上帝雖為三炁化生，但仍有化生降世的故事。《高上玉皇本行集經》中即闡述了玉皇大帝的來歷。大意是：遠古時期光嚴妙樂國太子，歷經八百劫，修真成道，得萬方擁戴，統御三界。

　　雖然對玉皇上帝的源始各派對有不同解讀與定位。但在民間信仰中，「天公」—玉皇大帝，都是統理萬物、至高無上的神明。此外，對於玉皇大帝的稱謂還有：「玄穹高上帝」、「玉皇大天尊」等敬稱，而民間多直接以「天公」稱呼。

　　因為玉皇大地為三界主宰，所以在廟宇中，也常將供奉玉皇大帝的凌霄寶殿設於最高層，以示尊重。而民間對於燒化給神明的金箔紙

中，「天公金」也是面積最大，以此代表尊貴。

⊙ **形相特徵**
身著龍袍，頂戴十二行珠冠冕旒，手執玉笏。

⊙ **聖誕**：農曆正月初九

※ 天官賜福、地官赦罪、水官解厄——三官大帝

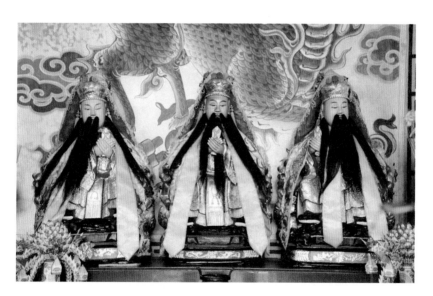

↑苗栗縣後龍慈雲宮三官大帝

　　一般設有凌霄寶殿的廟宇，除了主祀玉皇大帝外，也會同祀地位崇高的三官大帝。台灣各地也有不少「三元宮」，主祀賜福、赦罪、解厄的三官大帝。

　　三官大帝是天官、地官、水官三位大帝的總稱，也稱做「三元三

品三官大帝」，在天地制定後，治理天、地、水三界。台灣民間俗稱「三界公」、「三界爺」或「三元大帝」，是僅次於玉皇大帝的神祇。

中國自古除了祭天，也祭地、祭水、祭星辰、祭風。《爾雅》中就記載：「進品物祭天曰燔柴，既祭，積薪焚之。祭地曰瘞薶，既祭，埋藏之。祭山曰庪懸，或庪或懸，置之於山。祭水曰沉浮，或沉或浮，置之於水。祭星曰布，布散於地。祭風曰磔，今俗當大道中磔狗，云以止風，此其遺象也。」大意是說，用焚燒祭品來祭天，用掩埋祭品來祭地，將祭品置於水中來祭水，將祭品灑地來祭星臣，用殺狗來祭風。

雖然自古祭天、地、水，但具有「三官」的名稱，則從張道陵創立「五斗米教」以後。天師張道陵以「上三官手書」為教徒祈禱治病，一書上於天，一書埋於地，一書沉於水。從此開始有祀三官祈福、赦罪、解厄的儀式。

而三官大帝具體的稱號和職司，可以從《元始天尊所三官寶號經》中理解。三官大帝寶號為：「上元一品，賜福天官，紫微大帝。中元二品，赦罪地官，清虛大帝。下元三品，解厄水官，洞陰大官。」他們的職掌是：「綱維三界，統御萬靈。三元校籍，善惡攸分。齋戒禮誦，無願不成。消災釋罪，降福延生。」

三官大帝既然是主宰三界的至高神祇，自然不是凡胎肉體修煉而成，是先天罡氣所生。《歷代神仙通鑑》中記載三官大帝是元始先尊集天地「始陽九氣」、「清虛七氣」，合成靈胎聖體，然後吐出堯、舜、禹三帝。

而堯、舜、禹三位帝王，為什麼會成為天、地、水三官呢？民間流傳堯帝制定時令、曆法，所以稱作「天官」。舜帝制定州治、安定地方，所以稱作「地官」。禹帝疏通江河、引渠治水、發展農業，所以稱作「水官」。三官大帝主宰人間禍福，所以奉三官大帝的廟宇也多三官大帝聖誕這三日舉行法會，為民眾祈福、禳災、消愆。

三官並列，中為天官、左為地官、右為水官。

天官大帝：身著黃龍袍，手執朝天笏，頂戴冕旒冠。

地官大帝：身著紅龍袍，手執玉笏，頂戴冕旒冠。

水官大帝：身著紫龍袍，手執玉笏，頂戴冕旒冠。

⊙ **聖誕**：天官正月十五、地官八月十五、水官十二月十五

✷ 農神也是醫神──神農大帝

↑桃園市新屋長祥宮　　↑苗栗縣竹南五穀宮

　　神農大帝就是上古傳說中天、地、人「三皇」之地皇、炎帝，又稱為神農氏、五穀大帝、五谷先帝、藥王大帝等。

　　傳說炎帝神農氏生於厲鄉，在姜水長大。接帝位時定都於陳，後遷徙於魯，在位120年。炎帝為少典（上古時期有熊部落領袖）的長子，母親方登為有蟜氏之女，在見到龍首人身的神人後而懷神農氏。因為成長於姜水，故姓姜。

神農大帝因發明耒耜（農具），教民種植五穀，所以在傳統農業社會，多敬拜神農以求五穀豐收。祂好生惡殺，所以親嘗百草了解各種植物的藥性，曾經在一日之內遇 70 毒，百死百生，最後記載了 360 種植物的特性，經後代傳承著作成書，稱《神農本草》，是中草藥學的先趨。所以，農民、藥商或醫師等也多有奉神農為行業神。台灣奉祀五穀大帝的廟宇不少，多是因為墾荒，經常遭逢瘴癘，加上醫藥不發達，所以奉神農大帝，祈求平安健康。也有五谷廟設藥籤，以籤為藥方為百姓治病。

※ 註：「三皇」之天皇為燧人氏，人皇為伏羲氏。此二皇專廟供奉者較少，一般廟宇中也較少見。

⊙ 形相特徵

頭角崢嶸，裸身赤足，身披樹葉，手執稻穗。面色有 3 種：綠、紅、黑。紅面因炎帝屬火德，綠面為教民耕耘，黑面為嘗百草中毒而黑。

⊙ 聖誕：農曆四月二十六

↑ 神農氏造像多手執穀穗

✳ 最受崇信的關聖帝君與天后媽祖

↑彰化縣鹿港新祖宮媽祖

↑新竹市普天宮關帝坐像

　　觀音佛祖、關聖帝君、媽祖、土地公等，大概是台灣最普祀的神明。其中關聖帝君關羽與媽祖林默娘的傳奇與故事也最為人熟悉，電視經常上演《三國演義》和《媽祖》的劇集或電影，在此就不再多做介紹。

　　但值得一提的是，關聖帝君不僅被尊為武聖，也被奉為主掌文昌的神明之一，聖號「文衡帝君」。因為民間推崇關公文武雙全，最愛讀《左氏春秋》，因此受到儒家學子的崇拜。而關於關帝的經典《桃園明聖經》（關帝夢授予玉泉寺僧人）中也記載：「吾乃紫微宮裡朱衣神，協管文昌武曲星。」所以，關帝也被認為是掌管文運的朱衣神。

　　除了是文昌神外，關帝也被奉為武財神。傳說關帝在遇到劉備之前，曾做過生意、賣過豆腐。有人傳說商業的「簿記法」、「日清簿」就是關帝所發明。也因為關帝講義重信，所以被引申為做生意的典範，代表童叟無欺，所以被尊奉為上業守護神。而大陸江浙一帶的豆腐店，也奉關帝為祖師爺。

也因為關帝有不同形相，所以也用來代表不同的意義。像是民間傳說：做生意的供奉坐姿的文關公，鎮守家宅的供奉橫刀武關公，鎮守財庫的奉立刀武關公。也有人戲稱橫刀武關公利於商業談判，因為橫刀一斬，殺價絕不手軟。

另一位廣受崇拜的女神媽祖，不僅生前多次救難於海上，在台灣的民間傳說中，也多次解救漁民免於海難。除了是海神外，媽祖也是法術高強的神明。因為祂曾從仙人得到銅符鐵卷，學得種種神通變化和驅邪擒妖秘法，收伏了千里眼和順風耳兩位將軍，所以台灣也有少見的「武駕媽祖」，或媽祖降妖除魔的傳說。而且媽祖受歷代皇帝褒封，位及天后，所以也被視為「全能」的神明，凡是求子、怪病、求財者，也會向媽祖祈求保佑。

⊙ **形相特徵**

關聖帝君：紅臉威武，身披戰甲，手執關刀（或捧左氏春秋），或騎赤兔馬；亦有文人造型，身披長袍，或著龍袍。最大特徵為紅臉威武的面相。

媽祖：台灣媽祖多為尊貴形象，特別是主祀媽祖的廟宇，身著后級的蟒袍與霞披，頂戴冕旒冠，手執玉笏或扇子、如意等。媽祖的面色還分為粉面、黑面與金面。

⊙ **聖誕**：關聖帝君農曆六月二十四、媽祖農曆三月二十三

↑親民的媽祖近年來也發展出可愛的 Q 版造型

✳ 蕩魔天尊——北極玄天上帝

　　台灣民間奉祀北極玄天上帝亦十分普遍，又稱為真武大帝、玄武大帝，民間俗稱帝爺公、上帝公等。

　　玄天上帝深受民間崇信，一則因為祂是道教位階極高的神明；二則是唐宋以後道教盛行，玄天上帝屢受帝王褒封。唐太宗封為「佑聖玄武靈應真君」、宋真宗封「真武靈應真君」，宋欽宗加號「佑聖助順真武靈應真君」，元成宗加號「元聖仁威玄天上帝」，明太祖褒封「真武蕩魔天尊」，明成祖加號「北極鎮天真武玄天上帝」等。

↑台南市北極殿玄天上帝

　　所以，民間對於真武大帝的信仰大行其道，各地紛建真武廟。而隨著明末鄭成功渡海來台，也帶來了玄天上帝的信仰，成為台灣中南部常見的奉祀神明。

　　玄天上帝在隋唐以前多稱作玄武或玄武大帝。玄武大帝的信仰最早源自於星辰崇拜。黃道上的二十八星宿，若依方位可分為：東方青龍、西方白虎、南方朱雀、北方玄武。因為北方七星的排列像龜與蛇，所以就以龜蛇做為象徵。而北方的五行屬水、色黑，「玄」的字義為黑；龜甲代表抵禦，意為武，於是玄武就成為北方守護神的代稱。

　　後來玄武信仰從星宿轉為人格神，也與道教的傳播有關。唐宋以後，道教大行其道。道經《太上說玄天大聖真武本傳神咒妙經》中記載玄天上帝為太上老君的變化之身：「八十一次顯為老君，八十二次變為玄武。故知玄武者，老君變化之身，武曲顯靈之驗。」

關於玄武大帝的來歷，《元始天尊說北方真武妙經》中記載：「玄武大帝為北方的大神將，昔日是淨樂國王之子，三月初三降世，生而神靈，長而勇猛。因無意接任王位而勤於修行，誓斷天下妖魔。在父母無法阻止下，祂捨家到武當山修道，歷經 42 年功果圓滿，飛昇登天。玉皇大帝聞其勇猛，就令祂鎮守北方，統攝真武之位，以斷天下妖邪。」

　　真武大帝在得道成聖後，道經中更具體彰顯祂的大威神力。《太上說玄天大聖真武本傳神咒妙經》中記載：或身披戰甲、或著衣袍，或穿靴或赤足，常披紺髮，神威凜凜，九天與四大部洲無不震懾。玄武大帝腳下帶領龜、蛇神將，率領五千萬神兵、神將。領北帝靈符，身佩符印。轄風、雨、雷、電四使，前鋒為八煞將軍，隨侍六甲神將，率五德神君，土地城隍皆聽號令。降妖伏魔，除惡揚善，上達天庭。神威顯赫的真武大帝，轄下部將最有威名的就是龜、蛇二將。《歷代神仙通鑑》中就記載了這段故事：

　　在商紂荒淫無道之時，六大魔王召集惡鬼傷害眾生。玄天上帝奉玉皇大帝之令，率領金甲神將與六大魔王交戰。其中四魔不敵退去，二位魔王化成坎、離二氣，變化成蒼龜與巨蛇躲藏，但仍逃玄天上帝的法眼，展現大神通將二魔收伏於腳下，並將眾多惡鬼鎖入酆都大洞。玉皇大帝嘉勉玄天大帝的功績，敕封為玉虛師相、玄天上帝，並賜其父尊號「淨樂天君明真大帝」，其母為「善勝太后瓊真上仙」。所收伏之龜、蛇二將，令其改邪歸正，巨蛇封為「天關太玄火精命陰將軍赤靈尊神」，蒼龜封為「地軸太玄水精育陽將軍黑靈尊神」。敗退的四魔見龜、蛇受封，也前來拜服，玄天上帝也收為部將，從此天下群魔肅清。

　　除了龜、蛇二將，玄天上帝神像最具代表性的就是手中寶劍。此一寶劍是豐乾大天帝所賜，但有民間傳說是向呂洞賓借來的，所以呂洞賓的神像背有劍鞘，但鞘中無劍。《玄天上帝啟聖錄》中這樣記載：

「豐乾大天帝，授以寶劍。天帝告曰：此劍，名曰北方黑馳裘角斷魔雄劍，長七尺二寸，應七十二候。撫三輔，應三台。重二十四斤，應二十四炁。闊四寸八分，應四時八節。子可佩此，居山修鍊，降伏邪道，收斬妖魔。」這段文字，應可證明此劍為天帝所贈，而劍的特徵、名稱也都有清楚的說明。

⊙ 形相特徵
長髮美髯，身披長袍或戰甲，右手執七星寶劍，赤足腳踏龜、蛇二仙。

⊙ 聖誕：農曆三月初三　　　　↑台中市南天宮玄天上帝

✱ 主掌功名利祿──文昌帝君

↑台北市士林神農宮文昌帝君

漢人傳統觀念中，對於科舉致仕，視為光宗耀祖的大事。自從有科舉制度以來，以考試遴選人才，創造了社會階級流動的可能性。於是，透過科考來加官晉仕，被認為是維繫家族榮耀、提升宗族地位的重要大事。

最早的文昌信仰也源自星宿，「文昌」原是天上六星之總稱，即一般俗稱的「文昌宮」。一說在北斗魁前，一說在北斗之左。司馬遷所編著的《史記天官書》中記載：「斗魁戴匡六星曰文昌宮，一曰上將、二曰次將、三曰貴相、四曰司命、五曰司中、六曰司祿。」

唐代司馬貞《索隱》引東漢緯書《春秋元命苞》則進一步說明了文昌宮六星的各自職司：「上將建威武，次將正左右，貴相理文緒，司祿賞功進士，司命主老幼，司災（中）主災咎也。」其中與學識相關的有「貴相星」與「司祿星」，前者理文緒，後者賞功進士。而司命星和司災（中）星掌管壽命和災咎，這也是當時人們敬畏文昌星並崇祀的原因之一。

自東漢以後，文昌信仰逐漸人格化。東漢應劭《風俗通義》〈祀典司命〉記載：「今民間獨祀司命耳，刻木長尺二寸為人像，行者檐篋中，居者別作小屋，齊地大尊重之，汝南餘郡亦多有。」說明東漢時期文昌所代表的司命神廣泛流傳在齊地和汝南地區，民間對文昌的崇祀也已人格化，雕塑成人形放在小櫃中隨身攜帶祀，或建小屋供奉。

此時，文昌信仰仍沒有具體的形象，但逐漸與魏晉以後的四川梓潼神融合。梓潼神原為地方神靈，有人說是雷神、也有人說是蛇精。因為梓潼神顯靈助唐玄宗、僖宗有功，而被封為左丞相、濟順王。

唐玄宗是因為安史之亂而躲避到蜀地，經過七曲山時，聽聞張亞子（梓潼神）幫助姚萇抵抗前秦的事蹟，於是莊重祭祀，並封左丞相。傳說張亞子也為唐玄宗托夢，將成太上皇，果然唐肅宗即位，順利收復長安。

↑新北市板橋大觀書院梓潼帝君香爐

　　唐僖宗則是為了躲避黃巢之亂入蜀，一樣走到七曲山，親自入廟並解下佩劍贈予梓潼神，並封順濟王。伴隨唐僖宗的太子少師王鐸題詩：「盛唐明主解青萍，欲振新封濟順名，夜雨龍拋三尺匣，春雲鳳入九重城，劍門喜氣隨雷動，玉壘韶光待賦平，為報山東諸將相，主天勳業賴陰兵。」當時就有術士預言，來春即可返京。果然，黃巢之亂順利平定，但唐朝也走向了尾聲。

　　北宋真宗咸平4年（西元1001年），梓潼神又顯靈協助官軍平定地方亂事，梓潼神又再封為「英顯王」，梓潼神信仰已成蜀地主要信仰之一。

　　北宋以後，開始流傳梓潼神主掌祿籍（科考功名），進京應考的學子前往參拜者，多有靈驗事蹟，這也是梓潼神（梓潼帝君）與文昌信仰結合之始。如北宋末年蔡條《鐵圍山叢談》記載：「長安西去蜀

道有梓潼神祠者，素號異甚。士大夫過之，得風雨送，必至宰相；進士過之，得風雨則必殿魁，自古傳無一失者。魯公（蔡京）帥成都，一日召還，遇大風雨，平地水幾二十寸，遂位極人臣。」南宋吳自牧《夢梁錄》也記載：「梓潼帝君廟，在吳山承天觀。此蜀中神，專掌注祿籍，凡四方士子求名赴選者悉禱之。」

後來有《梓潼帝君化書》及《文昌帝君陰騭文》傳世，清楚地將文昌帝君的源由始末做了說明。文昌帝君生於周朝，已經73次化現，累世為士大夫。因為事親至孝，所以得到神仙傳授《大洞仙經》及法籙。文昌帝君並以此勸天下的讀書人應該廣行陰騭（暗中行善廣積功德），多行善事、濟人之難。文昌帝君也奉玉皇大帝之命掌理科舉功名之事。

宋朝以後，文昌帝君又受歷代皇帝褒封，如宋真宗封為「英顯武烈王」，宋光宗封為「忠文仁武孝德聖烈王」，宋理宗封為「神文聖武孝德忠仁王」。元仁宗敕封「輔元開化文昌司祿宏仁帝君」自此梓潼神有了文昌帝君的封號。

⊙ 形相特徵
文官造型，蓄有美髯，身著官帽、官袍，手執玉笏或文昌筆。

⊙ 聖誕：農曆二月初三

↑巴蜀地區傳說文昌帝君曾化身瘟祖，降伏五瘟神

↑新北市竹林山觀音寺魁星　↑台南市祀典武廟五文昌

　　台灣廟宇除了常見奉祀文昌帝君，也有奉祀五文昌帝君，也就是供奉 5 位與學運有關文昌神。常見五文昌為文昌帝君、文衡帝君（關聖帝君）、孚佑帝君（呂仙祖）、朱衣神君及魁斗星君。

　　關聖帝君、文昌帝君在前面已做過說明，這裡就介紹其他 3 位文昌神。

　　孚佑帝君即俗稱八仙之一的呂洞賓，道教又稱純陽祖師、純陽真人、妙道天尊、呂祖、呂仙祖等，為道教全真派祖師，可見祂在道教中崇高的地位。

　　呂洞賓的傳說很多，在此也不多做介紹。祂之所以被奉為「文昌」，應有三大原因。一是源自《呂祖寶誥》：「玉清內相，金闕選仙，化身為三教之師，掌法判五雷之令。」意思是呂祖被尊為輔佐元始天尊的內相，負責天庭選仙之職。應化為釋、儒、道三教的導師，掌管道教的五雷正法。因為祂是三教之師，所以被尊奉為文昌神。

　　其二是與呂洞賓覺悟求道的故事有關。傳說呂洞賓在唐懿宗咸通

年間至長安應試，在酒館中慨嘆久試不中。剛好上仙鍾離權也住在這酒館中，兩人相談甚歡，鍾離權看出呂洞賓有道骨，想要渡化他，於是下廚煮黃粱飯。呂洞賓不知不覺進入夢中，夢中他狀元及第，位居相職，但後來又獲罪遭到流放，最後還是一無所有。驚嚇夢醒時，這鍋黃粱飯還沒煮熟。呂洞賓頓時開悟，了悟所有功名利祿都是過眼雲煙，難以長久，這就是有名的「黃粱一夢」的故事。也因為呂洞賓久試不中，最後一次應考時的他年已62歲，所以傳說衪特別照顧應試的學子。

第三的原因是，呂洞賓頗有文采，也有不少詩詞傳世，所以也被尊為文昌神。

另一位文昌神是朱衣神君或稱朱衣夫子，衪是哪位神聖？也有3種說法：

一是宋《侯靖錄》記載：「歐陽公知貢舉日，每遺考試卷，坐後嘗覺一朱衣人時復點頭，然後其文入格，始疑侍吏，及回視之，無所見。」這段逸事記載的是大文豪歐陽修，當他在擔任貢舉主考官時，每次觀看考卷，只要是入選的文章，都會有一個穿著紅衣的人在身後頻頻點頭。但他一回頭，卻又沒人。於是歐陽修就感嘆說：「文章自古無憑據，惟願朱衣暗點頭。」但這段記述並沒有說明朱衣神是誰。

二是朱衣神君主管文運，並不專指一人。如《桃園明聖經》中說：「吾乃紫微宮裡朱衣神，協管文昌武曲星。」所以關聖帝君也是朱衣神，協助處理文運和財運事務。

第三種說法也廣被認同，指朱衣神君就是朱熹、紫陽夫子。朱熹被稱為孔子之後第一人，集儒學之大成者，也是孔廟中唯一非親傳弟子而入祀者，所以奉朱熹為朱衣神也當之無愧。

魁斗星君也是學子經常敬拜的考試神，又稱魁星夫子、大魁夫子、大魁星君等。但魁斗星君何人？望文生義，也是源自於星宿崇拜。

北斗七星前四星為奎（魁），包括天樞、天璇、天璣、天權，組

成「斗」；柄狀三星為玉衡、開陽、瑤光。東漢緯書《孝經援神契》：「奎主文章，蒼頡效象。」而奎星轉為魁星的轉變，應該與科舉「魁首」代表第一的意義有關。所以，民間開始崇信魁星為文章之神，也建魁星閣奉祀。

而魁星之形象，多做鬼形、踢斗，鬼加上斗，正好是魁字。宋均注《孝經援神契》：「奎星屈曲相鉤，似文字之畫。」魁星右手執筆，左腳揚起，就像是奎星的斗狀。而右手執筆，象徵主掌天下文章，右腳踩鰲魚，有獨佔鰲頭之意。

民間也傳說，文昌帝君主掌祿籍，而魁斗星君主掌文章。所以文章是否中選，是否能名列前茅，拜魁斗星君比較能得到保佑，希望「魁星點斗，獨佔鰲頭。」

⊙ 形相特徵

孚佑帝君：身著道袍，淨面美髯，手執法塵。

朱衣神君：儒生或長者造型，灰白鬚髯，手執聖賢書。

魁斗星君：以鬼踢斗為「魁」造相，腳踩鰲龍。

⊙ 聖誕：孚佑帝君農曆四月十四、朱衣神君農曆九月十五、魁斗星君農曆七月初七

↑ 新北市新店開天宮朱衣夫子

✳ 醫術與道術皆高明──保生大帝

↑廈門青礁慈濟宮保生大帝

　　保生大帝為閩南的傳統信仰，又稱吳真人、妙道真人、大道真人，俗稱大道公、花轎公等。保生大帝本名吳本，福建泉州府同安縣白礁鄉積善里（今漳州台商投資區白礁村）人，生於宋太宗太平興國4年（西元979年）三月十五，歿於宋仁宗景佑3年（西元1036年）五月初二。

　　關於保生大帝誕生的神異傳說，以清朝林廷璝所撰之《保生大帝實錄》最富傳奇：保生大帝的母親黃氏，性情幽靜賢淑，累世修行功德早已上傳天庭。因夢中吞下白龜的吉祥預兆，不久就懷了聖胎。聖母即將分娩時，恍惚中突然見到白衣道長（太白星君）、南陵使者和北斗星君護送一個嬰孩來到門前，並說：「這孩子是紫微星。」話說完，就生下保生大帝。此時，見到各路神仙齊來祝賀，室內充滿異香，

七彩霞雲籠罩，民眾見狀紛紛覺得驚奇不可思議。

　　而保生大帝習醫、修道的歷程也有不少傳說。較具代表性且方志有記載者為宋元祐2年（西元1087年）孫瑀的《西宮檀越記》，其中記載了先祖與吳真人的交遊記事：有一位姓裴的方士，年紀80多歲，自號養真老子。周遊到「居士庵」中，孫瑀的先祖和這位方士一起在庵中暢談天地，感情就像兄弟。因為裴姓方士深諳道法和修鍊之，白礁的神醫姓吳名悟真就渡江前來拜訪。裴姓方士見到悟真後，看出他的資質不同凡人，於是傳授秘法。

　　此外，《白礁吳氏族譜》中也記載：「吳本生不葷食，長未婚娶，靈通三界，可伏群魔。」宋仁宗癸酉年，吳真人得到太上老君親授妙法，於四月初七修真成仙。道術、醫術無不精通。

　　兼具醫術與道術的保生大帝，不僅生前救人無數，相傳祂得道成仙之後，還屢次顯聖，解救災荒，也為太后醫病。祂的事蹟在閩南一帶傳說甚多，所以倍受民間崇祀。這些事蹟在顏蘭所撰《吳真君記》中有更多記載，也都成為後世傳頌的傳奇故事。

　　以柳代骨、起死回生：保生大帝在桑林中，發現一具白骨沒了左腿，於是以柳枝替代，然後以咒水施法，白骨就恢復了人形站了起來，哭著要找他的主人。保生大帝就先把他收在身邊。在路上巧遇同安知縣江僊官，驚訝已經被老虎咬死的僕人竟然死而復生！又說：「如果能死而復生，那麼也能生而復死嗎？」保生大帝接著以咒水施法，這個童子倒地後又化成白骨。

　　收徒傳道：江僊官感悟保生大帝的高明道術，於是想向當地的主簿張聖者請辭，豈知張聖者也一起棄官追隨大帝，一起在白礁修道、行醫救世。之後又陸續有黃醫官、程真人、鄞仙姑等，跟隨大帝修道成仙。

　　挽米舟賑旱：宋仁宗明道元年（西元1032年），漳泉地區大旱。保生大帝豎起旗幟，說十日內必有米舟載來米糧賑濟，不到十天果然

來了數艘載米的大船。鄰近災民聽到賑災義舉，每日又湧入上千人。大帝又派遣神將運送米糧，讓災民都能得到溫飽、不虞匱乏。

除瘟滅魔：宋仁宗明道 2 年（西元 1033 年），漳泉地區又遭受瘴瘧之苦。原因是魔王率一千四百鬼眾降瘟，保生大帝與江僊官、張聖者等人召請神兵，一舉殲滅魔王與瘟鬼，並以咒水救眾不計其數。

羽化昇天：宋仁宗景祐 6 年（另有記載為景佑 3 年）五月初二，保生大帝與聖父、母及聖妹吳明媽、妹夫王舍人等，乘白鶴羽化昇天，民眾也揮淚擺設香案告別。但大帝仍眷念凡間不平，只要有寇賊、天災、疾疫等事，祈禱必有感應。

解救康王：宋高宗為太子時，在金國當人質。有一晚走到了崔子廟想要逃跑，卻找不到馬匹。忽然聽到廟廊下有馬叫聲，就順利乘馬逃出。但來到了江邊阻斷去路，後頭又有金兵追趕。正在危急之際，康王向天祝禱，突然出現了神兵手執旛旗衛護，康王成功返回中原登基。後來四處詢問當晚救駕的神明是誰？知道是保生大帝後，在宋高宗紹興 20 年（西元 1150 年），頒詔在白礁立廟奉祀。

義救明太祖：元末明太祖（朱元璋）與陳友諒大戰於鄱陽湖，突然颶風大作，明太祖不敵敗北，戰船也即將沉沒。忽見保生大帝現身於雲間，伴隨著無數旌旗，瞬間風向轉向，巨浪反撲，朱元璋軍反敗為勝。明太祖即位後，於洪武五年（西元 1372 年）敕封保生帝為「昊天御史醫靈真君」。

國母賜獅：明朝永樂皇帝的太后罹患乳疾，久醫不治，於是洪熙太子貼皇榜求醫。保生大帝化身為道士入宮，太后卻羞於面診，大帝便說可以在門外懸線診病。太后為試其真假，就讓侍婢們把線頭繫在貓上。大帝回說，這不是熊也不是羆，是貓！太后又令侍婢把線繫在門圈上，大帝又說，這是金與木，不是人脈。太后大驚大帝的醫術如此高明，就把線繫於乳。大帝診後就說，這是乳疾，必須以灸治療。太后當然不肯，大帝又說，可於在屏風外懸線來施灸。經過大帝醫治

後，太后乳疾果然治癒。太子想以重金禮謝，大帝不肯接受；想賜官爵，也推辭不受，後乘著白鶴而去。太子知道祂是保生大帝後，遂加封為「萬壽無極保生大帝」。太后也命能工巧匠雕石獅贈予白礁慈濟祖宮。

此外，保生大帝亦有「點龍睛」、「醫虎喉」的傳說。相傳有蟠龍患有眼疾，於是化身為人找吳本醫治。吳本知道祂不是凡人，就以符水施咒，治好了蟠龍的眼疾。又有一次吳本在山中採藥，遇上了一隻因吃人讓骨頭卡住喉嚨的猛虎，猛虎因喉痛難耐前來求治。吳本先斥責牠傷害人畜惡行，見其悔改後，才用符水化解卡喉的人骨（亦有傳說為婦人髮簪）。猛虎為了感謝大帝的救命之恩，就跟隨大帝，成了大帝的坐騎。

保生大帝的傳奇故事甚多，特別是在漳、泉二地多有顯聖擊退盜賊、化解水、旱災的事蹟。所以在明末清初，漢移民隨鄭成功軍隊，或是渡海來台拓墾的人，就帶來了保生大帝信仰。特別是台灣墾荒時期經常因瘴癘而生病，加上醫藥缺乏，保生大帝的「醫神」身份更顯得重要。所以，早年建立的保生大帝廟多設有藥籤，由大帝來開方治病。

↑ 保生大帝點龍睛傳說

⊙ 形相特徵
長鬚美髯，文官造型，頂戴官帽或冕冠，也有著道袍者。

⊙ 聖誕：農曆三月十五

✳ 生育之神──註生娘娘

　　傳宗接代在傳統文化中是重要的大事，所謂「不孝有三，無後為大」。所以，主管生育的註生娘娘也成為台灣廟宇中常見的陪祀神。

　　註生娘娘又稱送子娘娘，台灣人慣稱「註生媽」，民間認為祂是掌管生育之神，所以無論是求子，或是希望生男、生女的人，大多會求助於註生娘娘。所以民間也衍生出「換花」的儀式，想生男孩的人以紅花換白花，想生女孩的以白花換紅花。

　　註生娘娘究竟是誰呢？民間也

↑新北市三芝玉仙宮註生娘娘

存在多種說法。有人說是武財神趙光明（趙公明）的妹妹，雲霄、瓊霄、碧霄三姊妹，合稱為註生娘娘；也有人說是臨水夫人陳靖姑；或是其他的神明等等。也許，可以把「註生娘娘」當做一個通稱，祂掌管生育之事，能傾聽人間對子嗣的願望，能慈悲送子。

　　註生娘娘的形象，大多是左手拿生育簿、右手執筆。和右手執劍、左手執號角（龍角）的臨水夫人有很大的差異。所以，在此傾向認同是《封神傳》或《封神演義》中所描述的雲霄、瓊霄、碧霄三姐妹。三姐妹是「龜靈聖母」的徒弟，在大戰西岐時陣法被元始天尊所破，重要法寶混元金斗也被老子收回玉虛宮裡。最後雲霄大戰老子，被壓在麒麟崖下；瓊霄和碧霄則被元始天尊殺死。封神時，姜子牙代為敕封「感應隨世仙姑正神」，執掌混元金斗。凡是仙、聖、凡人、諸侯、天子或貴、賤、賢、愚等，在轉生前都必須先從金斗轉劫。

註生娘娘不僅主掌生育之職，還率領一群與生育有關的神明。像是負責生男、生女照顧「花叢」的花公、花婆（胎神），以及負責安胎、護產等工作的十二婆姐。從十二婆姐的名稱就可以看出各自的職掌：註生婆姐陳四娘、註胎婆姐葛四娘、監生婆姐阮三娘、抱送婆姐曾三娘、安台婆姐林九娘、轉生婆姐李大娘、護產婆姐許大娘、註男女婆姐劉七娘、送子婆姐馬五娘、安胎婆姐林一娘、養生婆姐高四娘和抱子婆姐卓五娘。

↑雲林縣北港武德宮所祀「三仙姑」（雲霄、瓊霄、碧霄）

⊙ 形相特徵

粉面，高髻飾鳳釵，右手執筆，左手握生育簿。

⊙ 聖誕：農曆三月二十

✱ 娃娃神——太子爺李哪吒

↑南投縣魚池碧玉宮天寶堂哪吒太子　　↑新北市新店日興宮蓮花太子

　　哪吒三太子大概是台灣人最不陌生，也是最受歡迎的神明。因為哪吒三太子割肉還母、削骨還父，及大鬧東海的故事，經常是動畫、電影、電視劇的主題。而台灣盛行的電音三太子，也讓這位「娃娃神」（囝仔神）成為知名度最高的神明。

　　也許是因為可愛的動畫和電音三太子，讓大家忽略了李哪吒可是尊號「中壇元帥」，是守護南天門、鎮守道壇的大將軍，在許多廟會活動中，也扮演開路先鋒的角色。

　　關於三太子的身世，《封神演義》中只說他是托塔天王李靖的三子。但是在佛教經典中，也確實有那吒（哪吒）三太子，祂也是北方

毘沙門天王的第三個兒子。唐朝不空法師譯《北方毘沙門天王隨軍護法真言》）中記載：毘沙門天王身穿七寶莊嚴戰甲，左手執戟槍，腳下踩著二隻夜叉鬼。祂的面貌威武，以可怕的惡眼瞪視一切鬼神。寶塔中奉釋迦牟尼佛，受佛陀之命率領天兵守護佛國淨土，並令第三子那吒（哪吒）捧著寶塔隨行在天王身邊。

道教也奉四大天王，哪吒也成為道教守護南天門的元帥。《三教源流搜神大全》中對於哪吒是這樣描述的：那吒（哪吒）本是玉皇大帝座下的大羅仙人，身長六丈，頭上戴著金輪，有三頭、九眼、八臂，口吐青色雲霧，腳踏磐石，手持法仗。因為世間妖魔橫行，所以玉帝命其降生凡間，轉世為托塔天王李靖之子。母親生下長子金吒，次子木吒，三子哪吒。出生五日就大鬧東海，七日就能戰鬥，大戰龍王，殺死九龍。哪吒太子神通廣大、變化無窮。所以在靈山會上稱祂為通天太師、威靈顯赫大將軍。玉皇大帝也敕封為三十六員第一總領使，為天帥的領袖，永久鎮守南天門。

所以，不論是佛教或道教，哪吒都是威靈顯赫、威震魔軍的護法大將軍！

⊙ 形相特徵
兒童或少年造型很好辨識，手執長槍、乾坤圈，腳踩風火輪，身披混天綾；也有盤坐蓮花的蓮花太子或八臂太子造型。

⊙ 聖誕：農曆九月初九

↑新竹九天玄女廟三頭四臂太子

✳ 保境護民──土地公

↑彰化縣花壇文德宮福德老爺　　　↑嘉義市保南境福德正神

　　土地公（土地神）的信仰源自於對天地的崇敬，對自然的崇拜，所以自古以來就有敬天地的禮儀，以此來感謝天地孕育萬物。《禮記》〈郊特性〉中說：「地載萬物，天垂象。取財於地，取法於天，是以尊天而親地也，故教民美報焉。」

　　而祭拜土地神（社神），也是做為君王必須執行的典禮。東漢班固著《白虎通德論》〈社稷〉中說：「王者自親祭社稷何？社者，土地之神也。土生萬物，天下之所主也，尊重之，故自祭也。」社神（土地神）是天下之主，所以自天子、諸侯以下均敬天、祀地，以求天下平安、風調雨順。

　　所以，最早祭祀土地時，稱為「社神」。但是社神和現在常見的

土地公是不一樣的神明。《春秋左氏傳》中對社神有這樣的描述：「共工有子曰勾龍，佐顓，平九土，為后土，故封為上公，祀以為社，祇。」意思是共工氏（上古神話人物）有兩個孩子叫勾龍與佐顓，因為平定九州（天下），所以稱為后土，以社、祇祭祀。《禮記》〈祭法〉中則只說勾龍平天下，稱作「后土」，所以古時候所祭祀的社神為勾龍。

但是「后土」在道教的意義中，也和土地神不同。「后土」是道教至高的「四御」，是「承天效法厚德光大后土皇地祇」，是主宰陰陽、孕育萬物、掌管大地山川的女神。道教的「后土皇地祇」應該是指「地母娘娘」，而「土地公」就專指村莊的守護神。

而最為親民，最為熟悉的土地公是怎麼來的？最常提到的有兩種說法：一是指周朝的稅官張福德，二是周朝大官的家僕張福德。

稅官張福德是一位勤政愛民、樂善好施的好官。死後繼任者橫徵暴殮，民眾苦不堪言。於是民間開始感念張福德，也蓋石頭小祠來供奉。而來小祠敬拜的人都轉貧為富，變得有錢。於是來拜張福德的人越來越多，後來就建廟奉祀，敬稱祂為「福德正神」。

第二個張福德的故事是一個忠僕。他的主人受到派令，就先出發到遠地去赴任官職，張福德則隨後伴隨小姐前往。但在半途中忽然遇上大風雪，他不顧自己的生死，脫下衣服來保護小姐，最後竟被凍死。玉皇大帝被他的忠義感動，就在空中現字賜封「南天門大仙福德正神」。這位官主人知道張福德以死護主的事情後，也感念他的忠義，為他建廟奉祀。

除了這兩位張福德外，台灣民間對於土地公也有聖賢死後成神的說法。如清朝李鳳翩《覺軒雜著》中所說：「土地，鄉神也。村巷處處奉之。塑像者其鬚髮皓然，曰土地公；妝髻者曰土地婆。又言鄉村之老而公直者死為之。」這裡的記載說明了土地公的形像是白鬍子的老人，土地婆是梳起髮髻的婆婆，也說到村裡公正者死後也會成為土

地神。歷史上有不少名人死後被認為成為土地神，像是韓愈、岳飛、孟姜女的丈夫萬喜良等。

　　雖然清朝就有土地公、土地婆，但是不一定所有的土地祠都陪祀土地婆。原因之一是傳說土地婆比較有私心，土地公對於來求富貴的人通通答應，但土地婆卻堅持要有區別。因為如果人人都富有，那麼嫁女兒時誰來扛轎呢！因此，民間也傳說土地婆會在初二、十六回娘家，所以趁著土地婆不在來拜土地公會比較靈！

↑宜蘭五結奠安宮的掌財土地公就有土地婆為伴

↑高雄縣美濃開基福德正神

⊙　形相特徵

布衣長鬚長者，頭戴巾帽，手執木杖，或捧元寶、如意；台灣廟宇多有加官晉爵者，頭戴官帽、王爺帽、宰相帽等。

⊙　聖誕：農曆二月初二或八月十五

✳ 下壇將軍——虎爺公

↑苗栗縣竹南慈裕宮虎爺　　　　↑新北市新莊虎爺宮天虎將軍

　　虎爺一般祀於神龕下方，所以又稱「下壇將軍」。相對於鎮守廟堂、守護村境的「中壇元帥」李哪吒，一般土地公廟或城隍廟的虎爺，職責是鎮守廟堂，或代表土地公、城隍區巡守轄下的土地。

　　土地公廟或城隍廟所供奉的虎爺，都是因為在地方作亂而被收伏，職責是協助神明來保護村落。而保生大帝的虎爺是源於「醫虎喉」，武財神玄壇元帥的虎爺則是張天師所贈的坐騎。台灣也有不少媽祖廟配祀虎爺，主要是當做媽祖的腳力。其中比較特別的是新港奉天宮和朴子配天宮的虎爺，祂們被奉祀在神桌上以示身份不同。奉天宮供奉的是救了皇帝聖駕飭封的金虎，配天宮的虎爺則是玉帝飭封、

身穿龍袍的「山軍尊神」。

除了傳統的虎爺，新莊還有奉祀虎頭人身「天虎」的虎爺宮，石碇伏虎宮供奉的是「虎威大將軍」，彰化明聖廟供奉的是西王母座下的「天虎」，台中外埔義虎堂供奉的是南天門的「虎威王」。這些身份特殊的虎將軍都不只是「下壇將軍」。

虎爺在台灣廣受歡迎的主要原因是民間流傳「虎爺咬錢」，特別是配祀於土地公廟或財神廟的虎爺，都屢屢傳出十分靈驗，於是大家爭相請虎爺幫忙咬錢，也和虎爺「換錢水」（大錢換小錢當做發財錢母）。此外，「虎爺」的台語也與「有錢」（富有）類似，所以也被當作財神。

再者，每年北港朝天宮繞境活動的最高潮就是「虎爺吃炮」，相傳越炸越旺，所以場面十分震憾，讓虎爺的名氣更廣為人知，炸虎爺的盛大場面可與鹽水蜂炮、台東炸邯鄲並列為台灣三大炮仗廟會活動。

⊙ **形相特徵**
多為動物造型，另有虎頭人身武將或文官造型。

⊙ **聖誕：農曆六月初六**

↑新北市石碇虎爺宮武將造型虎爺

你拜對了嗎？拜拜的禮儀

　　一般進廟的拜拜，最講究的還是誠意與心意！所謂「心誠則靈」是適用於各種宗教的通理。那麼，什麼是「誠意」？廣義來說就是拜拜的禮儀，行禮如儀、進退有據，旨在展現對神明的尊敬與謙卑。什麼是「心意」？廣義來說是拜拜的供品，像是牲禮、水果、糕餅、香燭及金箔等，以此做為登門祈福的獻禮。

　　進廟拜拜雖然是一件民眾習以為常之事，但還是有不少人對於「怎麼拜」摸不著頭緒。經常是，有門就進，點了香就拜！只在意廟堂中央最主要的神明，然後訴說自己想要什麼、求什麼；或是看到香爐就往前拜，不太在意拜的是哪位神明。心中若有疑問想請教，也不知道究竟是擲筊呢？還是求籤？或是自創一套方法，也不確定問出什麼結果，或搞不懂結論是什麼？其實，進廟拜拜是有規矩的，重點是一定要行禮如儀，好運才會降臨喔！

入山門、淨口靜心

↑南投縣埔里地母廟乾坤門　　　↑馬祖馬港天后宮山門

所謂山門，最早用於佛寺或道觀，在寺院或道觀所在山頭的入山口處搭一座牌樓，或沿山路陸續搭建三座牌樓，所以也稱「三門」（三解脱門）。台灣的大廟也大多有建山門，有些做為入口的標示，有些以此區隔廟埕。

　　所以，進入山門後，即入解脱之境，也就是進到寺、宮、廟的範疇，自應淨口、靜心，以示尊敬！基本的禮儀是，不要惡口、粗口、大聲喧嘩；或在佛寺周遭隨手拿著葷食、邊走邊吃；或在寺廟的廟殿中抽煙、飲食，都是對佛、菩薩，對廟中神明不禮貌的行為。

　　進入到寺廟後，可先洗手、洗臉、漱口，以此象徵清淨。但切記，台灣多數的大廟設有洗水果的專用水槽，僅用來洗果盤、水果、整理供品，切勿在此洗手、漱口。

龍門進、虎門出

↑ 新北市新莊文昌祠三川門　　　　　↑ 彰化縣鹿港玉渠宮中門擋柵

　　傳統寺廟的規範都是「左尊右卑」，左右的定義是以神明的坐向為準，也就是如果面對廟門的話，右手邊即是廟的左側、龍邊；左手

邊即是廟的右側、虎邊。分辨龍、虎門除了以方向來看之外，也可注意一下門旁的牆堵。在龍門邊多有祥龍的石雕或彩繪，虎門則飾以猛虎。

左門（龍側）即為龍門，應由此進入廟殿。龍門進、虎口出的用意何在？一是左尊右卑的概念，符合傳統「出將入相」的左右方的觀念，右出將、左入相，所以左入、右出。二是廟宇的左右門又稱「龍門」、「虎門」，所以從龍門進，可仗祥龍之勢，阻邪納祥瑞之氣；從虎門出，可仗猛虎之威，降邪化煞，宛如新生。反之，如果從虎門入，就有「入虎口」比較不吉祥之意。三者，大家如果都依左進、右出的習慣，在參拜的動線上也較統一，不致互相穿插而秩序混亂。

↑台北市保安宮龍、虎門旁石刻

值得一提的是，一般廟宇正面多開三門，即中、左、右，也稱「三川門」，中門為「神道」，也就是神明進出的通道，所以盡量不走，古時只有帝王可走中門，所以有些廟宇會把中門以門欄封鎖。如果只有單門的小廟，也盡量靠左、右進出。

因此，在清淨口、手之後，即可由龍門進入。一般大廟點香處多設三川殿，或中庭、拜殿兩側，可從龍門進入後再點香。規模較小、單門式的廟點香處多在廟門外，可先點香再進入。

拜拜的順序——依循左右、上下尊卑的概念

　　廟宇的設計及神明設，都有尊卑之分。所以拜拜的順序，也須尊守這尊卑的分際。一般而言，代表玉皇大帝的天公爐位階最高，天公爐大多置於三川門外，也就是中門之前。所以首先參拜的是天公（玉皇大帝），面朝外，向天祝禱，然後插香。

　　也有人問，持香有規定的手勢嗎？一般來說，多以左手握香，右手包握左手如作揖狀。持香位置約在胸前，持香禮拜時略彎腰行禮。插香時可以左手分香，取一或三，

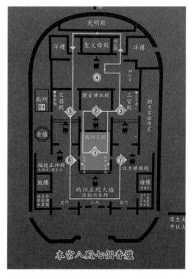

↑廟宇會規劃參拜順序，提供參考

然後插上香爐。而在行進間持香時，也盡量於胸前、眼光所及的範圍，一是尊敬，二是避免誤觸他人。

　　拜過天公爐後，再左進回內殿。一般來說，一樓的內殿或稱正殿為主要奉祀的神明，以中央神龕為主祀神。所以先禮拜主龕主祀神明，再依序向左龕、再向右龕，輪流禮拜。如果正殿左右還有偏殿，再依序先左、後右敬拜。敬拜時，也要先目視神像，表示自己在此禮拜，再向神明稟明心意。

　　拜過正殿後，再拜後殿或高樓層。順序也是先中、再左、再右，依次禮拜。如果廟宇還有二樓或以上的神殿，一般來說，最高層多為奉祀玉皇大帝的凌霄寶殿，所以在拜過正殿後，先至最高層禮拜，然後再依序下樓參拜。

　　瞭解廟宇尊卑的概念後，其實拜拜的順序並不難理解。總之，先

拜天公爐，再拜正殿、後殿，或由高層至低層，由高而下，依序參拜。或許有人會說，曾拜過某些廟並不是這樣的順序！那是因為有些廟宇因應香客太多，廟中神殿又多，為了統一動線，而規劃出自設的參拜順序。原則上，也請大家尊重各廟所訂定的順序。而這順序，多會公告在取香、點香爐旁，方便大家參考。而這張順序圖上也會標明各神龕所奉祀的神明，也讓大家能知道禮拜是哪些尊神。

準備好供品 拜拜說清楚講明白

瞭解拜拜的順序後，回過頭再來談談怎麼拜才合宜！也就是該準備哪些供品、香燭及金紙等。在此，建議是「一切唯心」！

↑台北龍山寺多以鮮花供觀音

↑霞海城隍廟多用紅棗及糖果拜月老

↑求姻緣以喜餅酬謝　↑虎爺多拜生食

↑廟方準備金紙　　↑拜女神多用化妝品　↑註生娘娘金紙

　　在供品的選擇上，建議還是以方便、便於攜帶、不易變質的供品為主，像是鮮花、水果、糕餅等都很適合；牲禮多用於答謝，可諮詢廟方是否必要。不過，有些人還是會依神明的特質而準備供品，像是拜兒童神三太子就準備糖果、玩具，女性神就準備化妝品，拜濟公就準備酒等等。

　　現代社會或是出門旅遊，要自己準備香燭、金銀紙有些不便。所以可以到廟方服務處或販賣部購買即可，除非是還願或有特殊目的，

一般廟外的香鋪也多備有因應特別需求的供品。不過，基於環保理由，還是建議盡量簡化金銀紙及線香的使用。當然，不同的金銀紙有不同的用途，在此也暫不多做說明及討論，也就是以廟方準備的組合即可。

關於拜拜時該怎麼說？也是許多人的疑問。當然，自古以來，道教有一套請神、祝禱的文本，但是對於一般人來說，這些不常用的詞語，要硬記強背也很困難。所以，還是一切唯心！清楚稟明自己何人、生辰、來自何處，一如簡易的自我介紹，也方便神明認識你，益於為你祈福解惑。平心靜氣，緩緩地小聲默唸自己姓名、生日，家住何處，今日謹以簡單供品、金銀紙等到此禮拜，祈求某某神明、神威靈感，庇佑某某闔家平安。（如有特別事情祈求也可清楚說明）

至於許願、還願怎麼說？建議時間、數量、地點等，皆須清楚說明，也最好擲筊請示是否應允。常有人說，因為沒還願而遭懲罰。原因應該是祈求了某事，卻未說明如何答謝；或語意籠統，神明確已協助，自己卻不知。所以，願望、還願等事項，最好能清楚、數量化，時間、地點也清楚稟明。再以擲筊確認神明願意幫忙，也以此提醒自己已許願，切莫忘了還願。關於還願的內容，也可事先詢問廟方。例如廟方可能有慈善會，那麼就可以捐款金額來稟明；或是廟方有修建需求，就能以多少捐款協助修建等等。

擲筊、求籤怎麼做才對？

如果有事想請教神明，就可用擲筊或求籤來解惑。有些人對於擲筊或求籤還是帶著半信半疑的態度，那麼我會說，那就不要問了！因為「心誠則靈」，如果把問筊或求籤當做是「機率」，或姑且一試的心態。那就代表你並不「盡信」，或者懷疑神靈不靈！神明對於誠心不足者，或者你並不盡信下，在過程中就難免便宜行事，自然最後的

結果就是「隨機」，或許你接受了你預期中的答案。

⊙ 筊杯代表的意義

擲筊是與神明溝通的方式之一。
筊杯多以竹根、木塊或其他材質
製作，雖然大小各異，但形狀一
致：為彎月形、一面突、一面平
的樣式。擲筊的方式可以兩手掌
平捧，突面朝上，然後向前、向
上拋擲。視筊杯呈現的結果來決
定是與否。結果有 3 種：

1.聖筊：或說「允杯」，即一圓
弧突面朝上，一平面朝上。代表
「是」、「應允」等肯定的意
義。

2.陰筊：或說「蓋杯」，即兩筊
圓弧突面朝上，形似蓋於地面。
代表否定的意思。

3.笑筊：即兩筊平面朝上，代表
神明笑而不答。可能是所問事情
不夠清楚，或是擲筊者心中早有
定見又何必問，或暫無答案。可
誠心再次闡述問題後再擲筊。

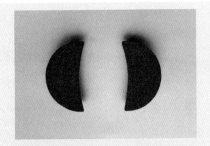
↑ 笑筊

↑ 陰筊

↑ 聖筊

也有人問，擲筊可以問到結果嗎？當然可以！但是你的問題必須
細化成簡單的是非題。例如：想問是否適合換工作。我的建議是，先
問神明是否願意回答這問題？如果願意，再問是否應該換工作？如果

是，再問是三個月內嗎？如果不是，再問是今年嗎？直到問到答案為止。當然，有人會覺得是否太過繁瑣、太麻煩，其實，如果真能解決這難題，都是值得的。那麼，每個問題該幾個「允筊」才算正確呢？建議是三筊，比較慎重。倘若神明有靈，深信祂很靈驗，怎會問不出結果呢？

相同的，求籤也必須靠擲筊來確認。所以，還是先請示神明是否在堂？如果是，再詳述自己的姓名、生日、住址及問題，再擲筊是否賜籤？如果應允，從籤筒中抽支籤，再請示是否為此號碼的籤？三筊確定後，取籤，再請廟方協助解籤。如果神明應允賜籤，卻一直求不到籤，可能是問題非單一籤可解答，那麼就整理一下問題，再重新求籤。

以上說明的也只是通則，各廟的求籤方式也略有不同，可以請廟方協助。

燒化金銀紙，辭駕出虎門

當拜拜香柱過半，即可取金銀紙至金亭燒化。如有上寫梳文的金紙，需先在神明前默唸，疏文至專屬金爐燒化或與金紙一併燒化。燒金銀紙也務必取下橡皮筋或包裝紙，以表示尊敬。燒化金銀紙後，也可合掌接引熱氣烘身，增添正氣。

燒化完金銀紙後，返回內殿。合掌、鞠躬禮拜廟中諸位神聖，默唸向諸神聖辭駕。然後可收拾供品，或帶回、或留予廟方與四方結緣。然後從虎門出，完成圓滿的拜拜祈福儀式。

※註：不同的大廟，各自有發展出不同的祈福及拜拜的方式。上述只是一般通則，也適用於各種拜拜。其他廟宇的特殊拜拜方式，在各廟宇的篇章中再做說明。

↑民眾常希望從籤詩中得到神明指點　　↑燒化金銀紙是常見的宗教習俗

對症下藥 神明也要拜對才有效

　　如同前面所介紹的神明的傳奇與故事，或者祂所受封賜的聖號，都代表祂所掌理的範疇。當然，神明也非各自獨立，自行其事，多有其他同祀神、陪祀神可予協助。但拜對了專掌該事項的神明，不就更能針對你的需求提供最適切的協助。就像久醫不治、苦無醫藥可治者，可求醫神或藥王庇佑，那就可拜保生大帝或神農大帝；祈求姻緣者，可求月老星君、女媧娘娘協助；求子嗣者，可求註生娘娘、臨水夫人幫忙。

　　也就是說，到大廟拜拜，廟中各殿各祀有不同職司的神明，自當「講對的話」、「求對的神」，對著文昌帝君求子嗣，對著武財神求

學業，不僅禱詞不得體，神明可能也覺得你搞錯對象，當然就不易「對症下藥」。畢竟，就算不見得有事相求，「講對的話」是對神明基本的禮貌，也能得到各殿神明為你多添福氣！

而什麼樣的廟能拜、什麼樣的廟不能拜？也是許多人常有的疑問。常聽到有人說陰廟不要拜！那麼哪些廟是陰廟呢？簡單說，非有德而成神者，因戰亂或天災而齊葬的「有應公」、「萬善祠」，俗稱「水流屍」，女稱的姑娘廟、男稱將軍廟者，大多屬陰廟。當然，廣義的陰廟，也可包括主掌陰間事務的廟，像是主祀東嶽大帝、十殿閻羅的廟。但附帶一提的是，陰廟常被視為十分靈驗的廟，也多有人專程前往，至於該不該拜，怎麼拜？原則上，基於尊敬、無所求，無妨；如果專求偏財、仇怨等事，還是謹慎為上。

所以，求開運、祈福、闔家平安，還是走旺廟最好！香火鼎盛代表普施廣濟、多有靈驗，而能廣受崇信。而充滿感謝、崇敬的旺廟，自然充滿了正能量、正磁場。進到旺廟中，神殿莊嚴的威儀，自能安定煩惱、煩燥的心，如果莫明的時運不濟，也能讓正氣祛除不好的氣場。步出虎門後，整個人神清氣爽。

PART 2
財運廟助你財運亨通

「錢不是萬能，但沒錢卻是萬萬不能。」雖然談錢很俗氣，但是富與貴，不可諱言是人心所欲。孔子也說：「富與貴，是人之所欲也，不以其道得之，不處也。」也就是說，君子愛財，但要取之有道。

想要累積財富，不外乎「開源」與「節流」。上班族要開源，只能求升遷、加薪、獎金；從商者要開源，就需要提升業績、銷售暢旺。而節流除了樽節開支、降低成本，還得避免不必要的開銷，或是交易的損失。升遷、加薪、獎金非操之在我；銷售好壞、交易損失也難以預測。當然，還是需要慈悲、大方的財神，多多眷顧。

財神種類多，正財偏財通通來

財神信仰在台灣歷經時代的演變，呈現出多元且多樣的形態，也讓民間信仰，不再只是求平安、求健康，也吸引更多年輕人走入廟宇，祈求財神降福賜財！

✱ 武財神──趙玄壇統領五路財神

武財神玄壇元帥與五路財神應該是最為人熟知的財神爺了。

玄壇元帥本名趙朗，字公明，也稱趙玄壇、趙公明或趙光明，在《封神演義》中是商紂一方的反派角色。但在道教的經典中，祂可是維護正義、英勇神武的護法大將，也是掌理天下財庫的正財神，敕封正一玄壇元帥。

而玄壇元帥本非凡人，道教經典稱祂是天界的日精所化生（皓庭霄度天慧覺昏梵炁），位置在西北方（乾），為金合水炁之象。形相是頭戴鐵冠，手執鐵鞭。面黑、蓄鬍，跨虎而立。

明代編錄的《道法會元》〈卷之232・正一玄壇趙元帥秘法・趙元帥錄〉中對玄壇元帥受封神明的經歷有清楚的記載：「元帥姓趙名

朗，一名昶，字公明，終南山人。秦時遲（避）世山中，精修至道，功行圓滿，被玉帝旨，召為神霄副帥。元帥上奉天門之令，策役三界，巡察五方，提點九州，為直殿大將軍，北極侍御史。」

這位大將軍在東漢時被玉皇大帝派給天師張道陵守護丹爐。當時張天師在鶴鳴山修道、煉丹，就奏請玉皇大帝派任威猛神將為祂護壇，玉帝便指派趙公明。張天師先收趙公明為徒，並賜祂黑虎坐騎，

↑ 苗栗縣後龍慈雲宮武財神

令祂守護丹室，並再奏請玉帝敕封為正一玄壇元帥。

而一位守護三界、巡狩九州的護法大將又如何成為掌管天下財富的財神呢？

《道法會元》〈趙元帥錄〉中的記載，提供了解釋：「公平買賣，求財利宜和合，但有至公至正之事，可以對神言者，禱之無不如意。若以非枉不正之事禱之，神必加譴。敬之毋怠。」其中提到趙公明也查察買賣的公平及利潤的合理，如果有不公平的情況，也可以請祂主持公義！

而玄壇元帥主掌天下財庫，位居五路財神之首的財神角色，則是來自《封神演義》的封神。姜子牙代天敕封祂為「金龍如意正一龍虎玄壇真君」，率領4位正神，迎祥納福，追逃捕亡。4位正神為東路招寶天尊蕭昇、西路納珍天尊曹寶、南路招財使者陳九公、北路利市仙官姚少司，與趙公明合稱五路財神。

所以這位武財神，不僅道法高明，是玉皇大帝敕封的元帥；又為天師鎮守丹爐，是道教護壇將軍；並且下轄四神統理天下迎祥納福之

事，所以玄壇真君一直以來都是廟宇中常祀的神明。道觀、廟宇中供奉祂為鎮殿大將，自明代以後開始奉祂為武財神。

清朝顧祿撰《清嘉錄》〈山齋元壇〉中就記載了民間在農曆三月十五日為玄壇元帥慶祝聖誕的活動：「十五日為元壇神誕辰，謂神司財能致人富，故居人多塑像供奉，又謂神回族，不食豬，每祀以曛酒牛肉，俗稱齋元圖。」這段文字不僅記錄了民間供奉玄壇元帥為財神，並且在三月十五日以牛肉和酒來敬拜。也提到了傳說玄壇元帥為回族人，所以祀神時不供豬肉，民間確實也有這種傳說，提供大家參考。

✳ 武財神──關聖帝君

↑南投縣日月潭文武廟奉關聖帝君為武財神

除了統領五路財神的玄壇元帥名正言順地被稱做武財神，在民間也普遍認同三國名將關羽為「武財神」。關羽之所以被稱武財神，是源自祂「武聖」的名號，而且祂的忠義氣節，也符合商人講究信義的精神，關公被尊奉為財神，也可能與祂祖籍山西，「晉商」的推崇與影響有關。

明代以後，晉商勢力遍及中國，在清朝時成為中國三大商幫（潮商、徽商與晉商）之一。而山西為關公信仰發源地，晉商推崇關公的忠義氣節，奉關公為守護神，也將關公信仰帶到其他地區。逐漸地，各地商人也奉關公為財神，因為忠義及誠信的精神非常符合經商之道。《清嘉錄》中就記載：「十一日為關帝生日，官為致祭於周太保橋之廟。吳城五方雜處，人煙稠密，貿易之盛，甲於天下。他省商賈各建關帝祠於城西，為主客公議規條之所。」這段文字就記載，商人廣設關帝祠，而且將關帝祠做為生意談判的場所。祖籍山西的台灣首富郭台銘也推崇關公信仰，曾大力支持關公的慶典活動。

當然，不只是晉商推崇關公信仰，清朝皇帝也尊崇關公的氣節。（在此先不論政治上的意涵，有說法不崇祀岳飛與他對抗女真族有關。）清世宗雍正3年（西元1725年）頒令全國起建武廟，並納入官祀。清乾隆時期，民間又開始流傳皇帝封關羽為福祿神的說法，而有「漢為文武將，清封福祿神」的俗諺。

此外，關公的武財神地位，也加上了其他的傳說。像是祂在從軍前做過豆腐生意，十分善於理財。或是祂在曹營時將曹操的贈禮清楚記載，分為原、收、出、存4項，發明「日清簿」，展現會計長才。也有傳說祂在駐守荊州時資助落難的王三賣酒，但王三卻遭惡人誣陷，關公用計斬了惡霸，此後，王三便掛起了關公畫像，而且生意興隆，於是其他商家也仿效掛起了關公像。

✳ 文財神——比干、范蠡

↑台北市關渡宮文財神比干　　　↑基隆平安宮范蠡

　　既有武財神，當然也有文財神。相對於武財神特質為武將，文財神就是文官神化的財神。最具代表性的有商朝宰相比干和戰國時代的范蠡。

　　比干姓子、氏比，名干，是商代皇帝文丁之子，輔佐紂王帝辛，官拜宰相。最著名的故事是紂王晚年荒虐無道、橫征暴斂、濫用重刑，還對寵妃妲己言聽計從，導致天下百姓苦不堪言。比干嘆息說：「主暴不諫，非忠也。畏死不言，非勇也。過則諫，不用則死，忠之至也。君有過而不以死爭，則百姓何辜。」所以比干不怕死，勇敢直諫。但妲己豈能容得下他，就在紂王面前假裝心痛，直說只有比干的玲瓏心，才能治好她心痛的病。紂王就召來比干要向他取心，比干悲痛紂王竟如此糊塗，商朝必亡，於是憤而引劍剜心。

而民間傳說比干死後英魂衝上九霄，此時天庭正在選任掌理天下財庫之神。玉皇大帝感念比干忠貞又正直，加上已經無心，所以不會有私心，就敕封祂為天官文財尊神。《封神演義》中，也封比干為「文曲星」，文曲星是掌管文運，主掌科甲功名之神。所以比干就名正言順地成了天庭敕封的文財神了。

　　關於比干剜心後，還有另一則傳說，就是比干並沒有死去。因為姜子牙在向比干辭行時，算出比干有難，於是贈他神符，並囑咐他感覺有危難時就燒化成符水喝下。比干在應召入宮前知道凶多吉少，就先喝了符水，因此逃過一劫；而且他不但沒死，還在民間廣散財富。由於祂行事正直、公正，受到民眾敬仰，於是敬祂為文財神。

　　另一位文財神是越國名相范蠡，最有名的故事是他幫助句踐復國，也就是大家熟知的「臥薪嘗膽」的故事。此外，他為了打敗吳王而用「美人計」，結識了美人西施，也衍生出他在滅吳後與西施遠走他鄉的愛情故事。

　　范蠡不僅是政治家、軍事家，還善於經商。他樂善好施，「三聚三散」的故事也讓他贏得了文財神的稱號。故事是這樣子的：范蠡在滅吳後，被奉為上將軍，可說是富貴加身，他深知越王可共患難，但不可共太平。於是上書越王，表示因為當初他勸越王忍受屈辱，讓君主受了極大委屈，所以請越王降罪！越王順勢測試范蠡，就說范蠡功不可沒，要分給他一半國土，如果不從，就殺了他！范蠡知道越王信不過他，於是散盡家財，乘船逃到了齊國，也寫信給好友文種。告誡他：「飛鳥盡，良弓藏；狡兔死，走狗烹。越王為人長頸鳥喙，可與共患難，不可與共樂。」勸文種快快離開。文種看信後，就裝病不上朝。果然又有奸人進讒言，誣告文種想要叛亂。越王就賜劍給文種，文種只能引劍自刎。

　　來到齊國的范蠡化名鴟夷子皮，以精明的生意頭腦，很快的就累積了可觀的財富。但他為人公義，經常救濟貧苦，大方施財。他的事

蹟很快的傳到齊王耳裡，齊王以他賢能，拜他為卿相。但范蠡深知自己已經富甲天下，如果又貴為卿相絕不是好事。於是退回相印，將家財分送給鄰里貧困者，再次遷往他方。

范蠡第三次遷居到「陶」（堯之封國，今山東省荷澤市定陶區），改名朱公。當時「陶」是天下的中心。於是他又做起生意，將四方的物產互通有無，並且囤貨居奇、低買貴賣；加上知人善任，生意發展快速，不久又成了鉅富。所以，當時只要是提到大富豪，都稱為「陶朱公」。

✱ 準財神──劉海蟾

↑ 準財神劉海蟾

除了有武財神、文財神之外，民間還有準財神、偏財神（或稱橫財神）等說法。準財神的代表性人物就是民間傳說「劉海戲金蟾」的主角海蟾公。

劉海蟾原名劉操，字宗成，號海蟾子，五代時期燕山人（昔日北京宛平縣）。曾參與科考高中進士，官至燕國宰相。除了學問好，他也喜好道家之學。有一天他跟一位道士討論玄學，問道士的姓名，道士閉口不答，只是要他拿出十枚銅錢與雞蛋。然後道士以一枚銅錢上面疊一個雞蛋，層層相疊，劉操越看越心驚，大叫危險！道士說：「你身家性命的危險更甚於此！」劉操問：「那該如何？」道士拿起雞蛋和銅錢丟在地上，揚長而去。劉操頓時覺悟了，原來自己眼前的功名

利祿就像這層層相疊的雞蛋，隨時有掉落的危險，唯有放下，才是解脫之道！於是隔天他就解下相印，假裝顛狂離去。在路途上又再巧遇道士，道士就傳授他煉丹成仙的秘法，並告訴劉操，自己是正陽子（鍾離權）。

果然，兩年之後，燕國被滅，燕王遭到九族滅門之禍。後來，劉操四處訪道時又遇到呂洞賓，呂洞賓再傳授他道法。從此以後，劉操就拜鍾離權、呂洞賓為師，後來成為得道真仙，雲遊在終南山與太華山之間。劉操得到呂洞賓和鍾離權的真傳，所以被奉為全真派北五祖之一。

至於劉海蟾被奉為準財神的原因主要還是來自於「劉海戲金蟾」的傳說，故事的版本很多，較具代表性的故事有 3 種：

一、劉操與龍女的愛情故事

南海龍王的女兒趁著龍王外出，化做金蟾跳出桃花溪中的白龍潭，卻碰上突然竄出的大蟒。恰巧劉操正在桃花峰砍柴，便以柴刀劈向大蟒，救了金蟾。金蟾為報答救命之恩，就從口中吐出一顆龍珠相贈，金蟾也愛上了劉操。

又有一天，龍女又偷跑到白龍潭，把一串銅錢放在潭邊，用線串起銅錢，再把線握在手上，希望用錢來吸引劉海的注意，想再見他一面。果然，劉操又來到潭邊，發現金錢後卻沒有意願撿起這不義之財。就在這個時候，龍女發現上次出現的大蟒正緩緩爬向劉操，急忙從潭中躍出，飛到劉操身後，劉操的目光順著金蟾的方向轉身，看見大蟒撲來，急忙拿起柴刀，劈死了大蟒。劉操感謝金蟾的救命之恩，笑著說：「如果妳是姑娘就好了。」接著又將絲線繫上金蟾的脖子，牽著牠在溪邊玩。不久，劉操感覺線的那頭越來越重，轉身一看，繫著的竟是一位姑娘。龍女表明身分：「我就是那隻金蟾，願意和你一起生活。」劉海歡喜地帶著龍女回村，一同過著幸福日子。

二、劉操以銅錢串救父

據清代《閩都別記》中記載：劉操的父親為官時十分貪斂，只要給錢，他就能顛倒是非黑白。於是許多枉死的冤魂向閻王哭訴，閻王就將劉操的父親變成蟾蜍，丟入地獄的污池中永不超生。劉操為了救父，就用長繩繫上銅錢拋入污池中。因為父親貪財，所以一看到錢就緊緊抱住，劉操就這樣順勢救出父親。

三、劉操收伏三足金蟾

另一則傳說是，蘇州有姓貝的大商人，某天有一個名叫阿保的人上門來當傭人。有一年的元宵節，阿保帶著小少爺去看花燈，很晚才回來。老爺就質問他為何如此晚歸，阿保說：「因為杭州的燈會不好看，便帶小少爺到福州看燈會。」但杭州離福州至少百里，怎麼可能當夜來回？老爺當然不信。此時小少爺從懷中拿出只有福州才產的荔枝，家人大為驚奇！後來，又有一天，阿保從井裡拉出了一隻三足大蟾蜍，且自言自語說：「這隻蟾蜍已逃走好幾年了，今天總算抓住了！」結果街坊紛紛議論阿保就是收伏金蟾的劉操，劉操就牽著金蟾昇天而去。

依據這些傳說，演變出「劉海戲金蟾」的故事。「劉海戲金蟾」也成了吉祥年畫，用來象徵招財進寶，劉操也有了「劉海蟾」的稱號。而劉海蟾本是道教祖師，卻意外成了到處撒錢的財神，但也因為劉海蟾並不是玉皇大帝敕封的財神，所以民間就稱祂為準財神。

↑ 新北市石門金剛宮劉海戲金蟾

✳ 偏財神——韓信、石崇、沈萬三

除了文、武財神、準財神，一般民間還流傳有偏財神，或是橫財神的說法。韓信、石崇、沈萬三等，或許都可歸類為偏財神。

「漢興三傑」之一的韓信，傳說他發明博奕（賭博）遊戲來激勵久戰而疲憊的士氣，因此有了「賭神」的稱號。桃園新屋八路財神廟記載，韓信生前屢建戰功，漢高祖劉邦答應他：「只要頭能見天，腳能著地，就不殺韓信。」後來劉邦當上皇帝，聽信讒言以為韓信有叛亂之意。劉邦急召韓信，但因為當

↑桃園市新屋八路財神廟韓信爺

初的承諾，難以判他死刑，於是呂后獻計，將韓信吊於銅鐘下，便成「頭不見天、腳不著地。」韓信一聽，自知命已休矣。大嘆三聲：「銅鐘罩頂難昇天，腳無著地難投胎。銅鐘吊死我韓信，留戀世間做鉸神。韓信設賭安軍心，凍憨賭鉸贏現金。」韓信的這番話，表明了自己是發明賭博的「賭神」。只是賭博賺的是偏財，所以樂透彩迷也都喜歡拜韓信，也稱祂為偏財神。

↑台北市關渡宮季倫財神　　　　　↑台北市關渡宮萬三財神

　　而北投關渡宮財神洞中還可以看到季倫財神、萬三財神，也都是非常善於賺錢、富可敵國的大商人，所以民間也奉為財神。但他們也都不是玉帝敕封，也沒有死後成神的說法，所以也可以稱為偏財神。

　　季倫財神是晉朝人，原名石崇，字季倫。自小聰穎、好學不倦、智勇雙全，累積財富之多，有人比喻為「山海之大不可比擬」，華麗屋宇層層相連，姬妾數百，傳說他死後因善理財而成為「祿星」。

　　萬三財神則是元末明初人，原名沈富，字仲榮，俗稱沈萬三。萬三之意取自於「萬戶中之三秀」，是當時人對富豪的稱號。他以周庄為經商基地，利用三江之便，經營海外貿易，迅速累積龐大財富。因為擁有萬貫家財，所以民間也傳說他有一個聚寶盆，取之不盡、用之不竭。而且不只周庄，包括明朝時的南京城多是他出錢建設，所以在江浙一帶流傳有許多關於他的傳說，民間也奉他為偏財神。

✳ 土地財神——福德正神

↑台北市關渡宮土地財神

在台灣，土地公已不僅僅是護衛鄉里之神，神名「福德正神」，自然也被認為是最能體察民情、善解人心，是賜福散財的地方財神。

台灣知名的財神廟當中，倍受崇拜的土地公廟不在少數。像是中和烘爐地福德宮、竹山紫南宮及車城福安宮等。還有宜蘭五結奠安宮的「掌財土地公」、南投埔里的財神土地公等，都被當做財神來崇拜。在這樣的風潮下，不少地方的土地公，也都傳出賜財事蹟，成為當地的求財的勝地，也吸引外縣市信眾不遠千里前來求土地公賜財。

※註：台灣各地奉祀的財神當然不只於此，例如天官財神，將賜福的天官也視為財神；或是除了五路財神外，還有八方財神之說。將王亥、比干、范蠡、關公、趙公明、端木賜、李詭祖、管仲、白圭等奉為八方財神。而四大天王中的北方多聞天王，也被奉為財神，因為祂一手執傘，一手握「吐寶鼠」，所以也被稱做佛教財神。

三大武財神靈廟

　　台灣以武財神趙玄壇為主祀的廟宇起源甚早，明末清初就有神靈或香火隨鄭成功軍隊來台供奉。像是北部的桃園南崁五福宮、中部南投草屯敦和宮及南部嘉義北港武德宮，皆為主祀武財神、歷史超過百年的古廟。

｜南崁五福宮｜

地址：桃園市蘆竹區五福村五福路一號
電話：(03) 322-7909、322-7521
官網：http://wufugong.myweb.hinet.net/

↑ 五福宮廟門

↑ 鎮殿武財神玄壇元帥

　　位於桃園市蘆竹區的南崁五福宮，建廟歷史悠久，保存有不少傳統的建築工藝，像是木雕、石刻及交趾陶等，都是珍貴的歷史文物，民國 74 年（西元 1985 年）公告為國家第三級古蹟。不僅建廟歷史

超過 350 年，延平王鄭經更賜名「開台元帥」。

　　相傳明永曆 16 年（西元 1662 年）鄭成功討伐台灣北部時，曾在五福宮現址駐軍，並在樟樹下安奉玄壇元帥神像。翌年建造茅屋五館、十五宅，將玄壇元帥供奉於「中館」。明永曆 19 年（西元 1665 年），鄭軍在台灣的戰事順利，鄭經叩謝天地百神，並尊崇玄壇元帥為「開台元帥」，將「中館」敬稱「元帥廟」。

　　明永曆 37 年（西元 1739 年）鄭氏王朝宣告終止，各地鄭軍解甲歸田，但仍多往來於元帥府之間，玄壇元帥的祀典也一直延續下來。此時，元帥廟所在的五福庄也漸成聚落，元帥廟也成為漢人與南崁社、坑仔社等平埔族人的共同信仰中心。

　　清乾隆 5 年（西元 1739 年）當地士紳集資重建廟宇，所以有地方誌記載此為五福宮建廟之始，但廟方予以否認。清乾隆 15 年（西元 1750 年），當時的住持周添福大力佈教，加上玄壇爺保境護民屢有神蹟，香火日益興盛，舊廟已顯得狹小、不堪使用。於是集資擴建廟宇，奠定了五福宮的基礎。之後在清嘉慶 13 年（西元 1808 年）、清道光 3 年（西元 1823 年）進行兩次修建，並舉辦祈安建醮法會，現今正殿前的「天爐」，就是當時建醮留下的寶物，迄今已有 195 年的歷史。

　　清同治 5 年（西元 1866 年）鄉賢再次倡議改建，並增建拜殿與後殿、建聖蹟亭於廟埕，改廟名為「五福宮」。廟名「五福宮」，與主祀武財神玄壇元帥十分符合；元帥座騎為黑虎，廟址又位於虎頭山麓，似乎冥冥之中自有巧合，也象徵此地為財氣豐盈之地，正適合玄壇元帥坐鎮。

　　清末時期五福宮又歷經數次修建。直到日治時期大正 13 年（西元 1924 年），五福宮因颱風受創嚴重，經地方士紳集資再次重建，翌年完工，為現今廟貌的原型。廟中的石柱、楹聯、窗刻、塑畫等，多為這時期的作品，工藝精湛，是十分難得的文化遺產。

鎮廟之寶「天爐」添財氣

　　五福宮目前置於正殿前的「天爐」，不僅是清道光3年（西元1823年）建醮時的文物，更是一件具有靈氣的寶物。日治大正14年（西元1925年）五福宮重建落後成，曾將這件古爐封存，改用新爐。一直到民國94年（西元2005年），歲次丁酉（五福宮稱金雞年），廟方感受到財氣靈動，於是將古爐置於正殿。又經玄壇元帥加持後靈氣大發，吸引不少修道中人循著靈氣來到五福宮，讚嘆這件神爐太過玄奇！古爐上面為金錢造型，爐壁8面精雕各種吉祥圖案，經玄壇元帥靈力加持後，匯聚廣大財氣，玄壇元帥也指示以此神物濟世。於是重新安座於正殿前，供四方信眾到此招引財氣。信眾可以在敬拜上香後，將手掌放在金錢圖上，以順時鐘方向繞一圈，再收起手掌收回，做收取的動作，就能接引財氣。

　　除了天爐之外，南崁五福宮還有一項「神蹟」，那就是後殿前方的「使者公洞」。既稱「使者公」，當然是玄壇元帥的使者，而這使者不是元帥的坐騎黑虎，而是錦蛇。

↑殿前天爐

↑使者公蛇洞

這些錦蛇會被稱做「使者公」，故事也超過 300 年。傳說明永曆 19（西元 1665 年）鄭軍於樟樹下設香案供奉玄壇元帥時，錦蛇就棲於樹上保護玄壇元帥香火。建廟後，一些錦蛇就跟著進了廟，盤踞在樑上，不僅無害，還跟人十分親善。一直到民國 13 年（西元 1924 年）準備重建，在挖開地基時，忽然發現蛇穴，想要捕捉時又逃逸無蹤。隔年元帥廟建成後，又有群蛇聚集在廟前，眾人都覺得神奇，認為牠們是玄壇元帥的使者，稱「使者公」。不久，錦蛇又消失不見。

　　後來，有人在廟前榕樹下發現蛇穴。入夜後蛇群蟄伏其中，日出後就外出覓食，但也不傷害人畜，只是偶爾偷吃村民家中養雞所生的蛋。到了民國 66 年（西元 1977 年），有信眾建議建造蛇洞，收容這些錦蛇，也避免嚇到香客。後來五福宮又經過多次修建，最近一次修建為民國 96 年（西元 2007 年）「使者公洞」也移到正殿背面。

聖誕慶典晚一天

　　一般廟宇所訂的玄壇元帥聖誕皆為農曆 3 月 15 日，但五福宮卻訂在 3 月 16 日才舉辦慶典。這是因為在民國初年，有一年村民準備為元帥舉辦慶典，卻發現神尊失蹤，眾人急得不知如何是好。一直到隔天清晨，才發現廟前倒臥著四名大漢和一頂神轎，神轎內正是玄壇元帥的神像。

　　原來，3 月 15 日那天宜蘭也舉辦玄壇元帥的慶典和過火儀式，當天玄壇元帥的神轎突然發威，硬押著轎手飛奔而去，玄壇元帥就錯過了五福宮的慶典，從此以後，五福宮的祝壽慶典就訂在 3 月 16 日。

開運祈福小秘訣

正殿中天爐是開運寶物，所以在依序敬拜正殿玄壇元帥，後殿 2 樓的觀世音菩薩、關聖帝君、天上聖母、月老殿諸神後，下到 1 樓敬拜太歲星君保佑流年順利。再回到正殿向玄壇元帥祈求財運亨通，然後以手掌滑過天爐，招引財氣。

此外，五福宮的祈安禮斗十分靈驗，每年正月開斗，是為自己和家人消災開運最號的方式。也可選擇光明燈、招財燈或功名燈，也有助於平安及事業順利。

↑五福宮後殿 2 樓左廂設月老殿，供奉文昌、月老、註生娘娘

旅遊小建議

南崁五福宮留有不少珍貴文物，值得在拜拜之餘，仔細欣賞。像是三川殿與正殿的樑架斗拱、拜殿兩側的石柱與柱聯。後殿二樓的內殿保存有精湛的交趾陶，圓拱形的廟門也是難得的木雕傑作。從二樓可以近距離觀賞屋脊上的剪黏，充滿了歲月斑駁的痕跡。

五福宮離台茂購物中心僅 5 分鐘車程，台茂中心有兒童樂園及各式美食餐廳，很適合親子同遊。而距離約 10 分鐘車程的坑口社區彩繪村，是很好拍照的景點。每周二、五、六的晚上，五福一路和仁愛路口有夜市可逛，可以品嘗在地小吃。

| 草屯敦和宮 |

地址：南投縣草屯鎮敦和路 74 號

電話：(049) 232-3793

官網：http://www.dht.org.tw

中部專奉武財神廟宇中，最具知名度的就是南投草屯敦和宮了。不僅廟高 7 層樓、殿堂宏偉，樓頂上 162 尺（約 49 公尺）的銅鑄武財神，也是全台最高的趙天君神像，也經過道長開光，居高臨下庇佑地方、賜財四方。

草屯敦和宮主祀武財神趙公明，廟方稱祂趙天君財神爺。源自於清乾隆 20 年（西元 1755 年），當時李創與兩個兒子從故里漳州西山奉請趙天君神像，安奉在草鞋墩下庄；同行的李氏宗族也帶來神位、香爐，在烏日安奉，都稱玄壇元帥廟。

敦和宮所供奉的趙天君，源流可以追溯至宋高宗建炎元年（西元 1127 年），祂最早供奉在南京考試院中。根據《西山李氏族譜》記載，明宣德 7 年（西元 1432 年）舉人李嶠、張林（另一記載名為張寬林）兩人進京應考，夜宿貢院。有一天夜裡，李嶠突然夢見一位黑臉、長鬚的長者大喊：「災難到了，快快起來，我來救你，你也要救我！」兩人驚醒後，急忙叫醒大家趕快逃命，眼見樓下已是大火沖天、煙霧瀰漫，於是兩人一路退到供奉各路神明的神房。李嶠看見託夢的趙天君神像，就連忙抱入懷中，縱身跳下，竟然毫髮無傷。張林急忙中也抱起二郎真君神像跳下，也只受到輕傷。

然而試場和神房都已被燒毀，兩人也感謝神明託夢和救命之恩，於是李嶠就把趙天君神像帶回家鄉西山嶺（福建省漳州府平和縣），建廟奉祀，廟名就叫「敦和宮」，玄壇元帥也就成為西山嶺一帶的守護神。

↑草屯敦和宮

↑正殿武財神趙天君

清乾隆元年（西元 1736 年）西山的李創帶領族人來台拓墾，出發前誠心祈求趙天君保佑，後來來到了山仔腳（草鞋墩）開墾。清乾隆 20 年（西元 1755 年）李創回到故里，與兩個兒子元光、元欽迎請趙天君分靈神像來台，安奉在草鞋墩下庄。當時同行的李姓宗族，在大肚山烏日庄開發，也建玄壇元帥廟供奉香爐和神位，即為現在的玉闕朝仁宮。

　　一直到清嘉慶 21 年（西元 1816 年），李元光感念趙天君的庇護，便與鄉親商議為趙天君建廟，也沿用故里西山「敦和宮」廟名，李元光也代表親族獻上「赫濯聲靈」匾額。

玄壇元帥禳災賜福

　　敦和宮玄壇元帥顯聖濟世的傳說很多，包括高雄旗山的陳先生，巧遇相士後揭開前世因果，相士說他是趙公明腳力轉世，必須供奉主公香火，才能消災解厄、事業順利。但他遍尋不著趙公明神像的廟宇，問雕刻神佛的店家也找不到答案。一天，突然看見雜誌上刊載奉祀玄壇元帥的廟宇但卻沒有地址。於是他向陳姓友人求助，又北上、南下詢問廟宇，仍然找不到答案。後來，再次詢問相士，相士說：「可請文殊菩薩指點。」於是，在農曆 9 月 19 日觀世音菩薩出家紀念日焚香祝禱，當晚子時陳姓友人即有夢兆。果然，隔天雜誌社回信告知主祀玄壇元帥的 7 座廟宇。大家再擲筊請示文殊菩薩，告知陳先生的主公為敦和宮玄壇元帥，於是陳先生到敦和宮迎請神尊回旗山供奉。

　　此外，九二一地震時，敦和宮正在進行廟頂的銅塑神像工程。傳說當地震發生時，廟門突然大開，玄壇元帥衝往外環道方向去解救危難。地震過後，鄰近鄉鎮災情慘重，傳出房屋倒塌與人員傷亡事件。而敦和宮的建築結構未受影響，附近 7 個里的居民也沒傳出嚴重災情，信眾都相信這是玄壇元帥顯靈的緣故。

全世界最大的玄壇元帥神像

↑ 趙天君銅像

敦和宮在清末、民初及二次戰後經過重修，現今的 7 層樓高廟殿為民國 84（西元 1995 年）年動土開工，在民國 87 年（西元 1998 年）12 月 23 日（農曆 11 月 5 日）舉辦入火安座大典，當日也盛大舉行炮炸寒單爺的活動，象徵越炸越旺！

民國 88 年敦和宮展開屋頂銅鑄巨像的工程，正好碰上九二一大地震，草屯地區災情不小，但敦和宮不僅廟宇基礎未受災害，附近地區也沒傳出大災情，大家都感念是趙天君的保佑。民國 89 年（西元 2000 年）農曆 3 月 14 日，高達 162 台尺（約 49 公尺）、重達 62 公噸，全世界最高的趙天君神像舉辦開光大典。因為高度太高，動用最大的吊車，才能讓法師、道長們為銅像開光，當時還造成極大的轟動！

敦和宮的祈福開運方式為趙天君財神爺親自指示的「五路財神爺發財金」，是由天師道長向財神爺請示所得，這種專屬的金紙必須向天君祈求並經過擲筊才能購買，購買份數也以擲筊來決定。祈福者要在疏文上寫上姓名、地址並蓋上手印（男左女右），就能補運、補財庫，是求財運、學業、事業、前途、官運的方便法門。

敦和宮的另一個開運法門為「五路財神發財金」。必須先敬拜過廟中所有神明後，再回到正殿向趙天君財神爺祈求，擲筊以一次為限，須由廟中人員現場見證，如果聖筊，就可以借 600 元的發財金，但必須攜帶身分證登記。這 600 元發財金可放在神桌或家中財位，若有生意相關的款項可挪用，但記得取用多少就必須補回相對金額，以此形成錢滾錢、利滾利的效果。如果覺得靈驗的話，記得要回廟還錢、還願，也可以繼續再借。

距離敦和宮約 3.5 公里的北頭埔，有一座蔡氏釀酒觀光工廠，是南投新興的熱門打卡景點。工業風的設計，還有充滿歐洲風情的博物館，處處都充滿設計的巧思。在這裡可以瞭解啤酒的歷史和生產過程，也可以坐下來品嘗在地風味的新鮮啤酒。

蔡氏釀酒觀光工廠

地址：南投縣草屯鎮碧山路 1146 號

電話：(049) 236-2957

營業時間：周一至周五 11:30-21:00，

周末、假日 10:00-21:00，周三休館

門票：50 元可換試飲一杯，博物館導覽 50 元

網站：http://tsais.business.site

北港武德宮

地址：雲林縣北港鎮新街里華勝路 330 號

電話：(05) 782-1445

官網：https://www.wude.org.tw

　　雲林縣的北港，是舊稱「笨港」的一部分，自明末起就有顏思齊號召漳州人前來開墾，後來又有鄭芝龍等人陸續召募閩地、漳泉一帶人民來到笨港開發，是清初台灣最繁榮的街市之一。北港的朝天宮、新港奉天宮和北港武德宮，都是先民建立的百年老廟，也是全台媽祖和武財神的信仰中心。

　　武德宮的創始故事十分曲折離奇。大約在清道光年間，有一位陳姓先民自山東迎來玄壇元帥神像，搭建簡易茅屋供奉，供大家敬拜。後來因甲午戰爭爆發，陳氏離開北港，這座茅屋乏人照顧就被埋入土中。

　　日治時期，這塊土地上蓋起了巴洛克式的建築。二次戰後，陸續的幾任屋主在這裡經商或當住家，都不太安寧。也曾有住過這裡的老

↑北港武德宮

↑正殿武財神

先生説，半夜裡曾在大廳看見一位皮膚黝黑、身材高大的武將來回走動，不久全家就趕快搬走了。

民國44年（西元1955年）中醫世家陳茂霖買下了這棟屋子開業，生意大好，很快的就賺了不少錢。但是，老婆的身體卻出了狀況，看遍了中西醫也治不好。一直到民國52年（西元1963年）新港東興宮池府王爺出巡來到北港，原來就沒有宗教信仰的陳茂霖只好向池府王爺求助。王爺降乩指示：「家有內神，虔誠供奉，夫人可得平安。」陳茂霖就以紅紙寫上「內神」，貼在牆上，早晚上香供奉。不久後，夫人的病就痊癒了，而且中藥店的生意也越來越好。附近鄰居聽説後，也經常來拜「內神」祈求生意興隆。

這位「內神」一直到民國59年（西元1970年）才降乩説明自己是玄壇元帥趙公明，在清道光年間由山東渡海來到此地，但經戰亂而被埋入地底。現在因緣成熟，祂將再度顯化救世。於是，陳茂霖依照乩身指示雕刻玄壇元帥神像，在家中設神壇供人敬拜，稱「武德宮」。民國67年（西元1978年），因信眾越來越多，陳茂霖覺得必須另外建廟，就找到現址重建。有人説武德宮廟址座落於「天鵝孵蛋」寶穴，象徵財源滾滾。兩年後新廟落成，舉辦盛大入火安座儀式。

目前的現任主委林安樂，透過企業管理、注入文化創意元素，打造全新的財神信仰。他的高學歷與來自金融業的背景，以及董事會中有多位金融界主管、上市公司老闆，也吸引媒體大幅報導，讓武德宮名氣更加響亮！

金氏紀錄認證世界最大金爐

北港武德宮的補財庫妙法，是武財神原壇元帥親自降下詩文所指示：「顧名思義補財庫，填平累世虛不前。化凶制煞去災厄，補庫增實聚寶氣。」

↑獲金氏紀錄認證世界最大的金爐　　↑正殿主龕前招財使者

　　補財庫的方式是透過疏文，祈請三官大帝賜福、消災、解厄，並請武財神補庫進財。而且武德宮的補財庫金的內容，都是玄壇元帥降鸞所指示，包括：消災植福文疏、天金、尺金、天官錢、天庫錢、虎錢、補運錢及財寶神衣等。

　　而用來燒化補庫金銀紙的金爐，位於武德宮廟埕右前方，是獲得金氏紀錄認證世界最大的金爐。金爐高度約 40 餘台尺（約 12 公尺），造型像是昔日屯積米糧的穀倉，象徵財富豐盈。也像是「天鵝孵蛋」的鵝蛋，所以在爐頂的 4 個簷角也裝飾一隻天鵝來守護。這座金爐的形式也是依照玄壇元帥的指示所建，是天界的總庫，所以也稱「天庫」。金爐的外壁上塑有玄壇元帥為首的三十六天官，代表為天下蒼生守護財庫。金爐基座有五路財神的財寶車，象徵五路財神為民眾賜福、送財。

　　武德宮的正殿主祀鎮殿武財神玄壇元帥及開基五路財神，正殿左

↑大道院孔子

↑大道院白觀音

右設三官殿與文昌殿。神靈顯赫的武財神領五路財神，幫信眾打開財庫；三官大帝幫信眾賜福、消災、解厄；文昌帝君協助信眾步步高、常保功名利祿。所以，這三殿的神明都要誠心敬拜，再藉由玄壇元帥所指示的疏文、金銀箔，讓諸神明為你掃除障礙、大開財庫！敬拜後也別忘了摸摸殿內的金元寶、利市仙官手上的金元寶和招財使者手上的聚寶盆，傳說十分靈驗！

　　左右護龍也各有二層神殿，左側2樓供奉玄壇元帥的父母，1樓為三仙姑殿。3位仙姑是玄壇元帥的妹妹，正是主掌「混元金斗」，被封為註生娘娘的雲霄、瓊霄、碧霄3位仙姑。右側護龍2樓為太歲殿，1樓供奉福德正神。

　　武德宮後殿為廣天大道院，挑高25公尺的大殿，金碧輝煌、華麗又莊嚴。其中供奉道教的三清道祖、玉皇大帝、瑤池金母、斗姥元君、太陽和太陰星君等。其中，玄壇真君還特別指示要入祀至聖先師與白

玉佛菩薩（白度母），用意是釋儒道三教歸一、五教皆同。特別的是這兩尊陶塑神像，歷經了一番波折，才終於找到大陸的兩位工藝美術大師來設計製作，形態與樣貌栩栩如生，是造像工藝中罕見的傑作。

開運祈福小秘訣

武德宮開運補庫十分靈驗，所以除了使用由武財神指示的「補財庫金」，也記得準備３或５樣水果以表誠心。除了祈求三官大帝、武財神，先消災、再補庫，也別忘了求張財神符，在主爐過爐後隨身攜帶，可以無往不利。此外，正殿的虎爺咬錢也很出名，但是切記，請不要拜葷食。這是武財神指示的，只要用鮮花、水果就好，否則會不靈的。

旅遊小建議

來武德宮祈福，當然也要朝聖一下充滿文創與武財神文化的「樂咖啡」。店內以傳統的宗教元素做為設計主題，有虎爺坐頂的神轎，也有出巡神牌做成的裝識，傳統的彩繪紙燈籠也高掛店內，加上牆上的廟會活動照片，不僅整體一點也不突兀，還非常搶眼，有濃厚的文化氣質。店內的小點心也很有創意，「宴王馬卡龍」

↑北港武德宮旁開設的宗教文創咖啡館

是以９道獻禮為發想，有元寶、鮮花、壽桃等裝飾，是很受歡迎的甜品。除了喝充滿財氣的咖啡，也可以朝聖武德宮的發源地「保生堂」。清道光年的玄壇元帥神像就埋在底下，不妨到此感受一下武財神的靈氣。

五路財神統掌天下財庫

　　五路財神為主掌天下財庫之神，以中路武財神玄壇元帥為首，下轄四天官：東路財神招寶天尊蕭升、西路財神納珍天尊曹寶、南路財神招財使者陳九公、北路財神利市仙官姚少司。五路財神，是台灣財神信仰中最主要的神明。

　　台灣的知名財神廟中，奉祀五路財神的也不在少數。像是金山財神廟、石碇五路財神廟、大溪迎富送窮廟、台中廣天宮等。也有不少地方大廟，因應信眾對於求財的需求，也會供奉五路財神，像是：板橋慈惠宮、竹南龍鳳宮、高雄關帝廟等。

｜石碇五路財神廟｜

- - - - --- - - - - --- - - - - --- - - - - --- - - - - --- - - - - --- - - - - --- - - - -

地址：新北市石碇區永定里大湖格 20-1 號

電話：(02) 2663-3372

↑ 石碇五路財神廟正殿

↑ 靈官殿上方武財神巨像

新北市石碇區的五路財神廟聲名響徹全台，每逢農曆春節期間，往財神廟的 106 線道路總是車潮洶湧，廟方所準備的停車場也一位難求。上到廟埕與拜殿，一樣是擠滿了參拜的人潮，五路財神的靈驗不言可喻！

　　石碇五路財神廟供奉五路財神及護法十童子，不只正殿金碧輝煌，5 位財神金光閃耀，約莫真人等身高度的神像也氣勢非凡。座前還供奉 10 位護法童子，在五路財神廟中非常少見。

　　石碇有座「元寶山」（山峰形似元寶），就在 106 線道往平溪方向約 56 公里處，一旁為永定溪。石碇五路財神廟就位於元寶山對岸的山腰上，前有元寶山與永定溪的「玉帶環腰」，左右有龍虎山翼護守，後有靠山，形成極佳的聚財風水寶地。

　　五路財神廟的右下山麓是另一間求財靈廟——石碇姑娘廟，姑娘廟對岸的元寶山下還有一座供奉劉海財神的「仙石府」。3 座名廟鼎立，聚集了強大的財氣磁場。來此地求財而有靈驗的傳說不斷，於是口耳相傳，成為北台灣最知名的求財勝地。每到求財吉日，也會匯集來自四面八方、希望財神眷顧的信眾。

　　石碇五路財神廟的建廟時間雖然不長，但是遠自四川峨眉山分靈而來的武財神，不僅冥冥之中指示創辦人覓得靈山吉穴，也幫助許多許願者如願以償。於是一傳十、十傳百，信眾遍及四面八方。所以開始建廟時，信眾捐款源源不絕，讓工程能夠順利進行。在動工破土時，也出現種種吉兆，像是地基挖出五色土、地底湧出龍泉等，信眾們都深信，五路財神坐鎮靈穴寶山，必定大顯神威！

　　石碇五路財神廟不僅神威顯赫，也為人所稱道的是這裡的求財法門。住持興仁道長，也是中華淨明忠孝道教會的創會理事長，不僅在石碇五路財神廟建立淨明祖師（許遜）的道壇，也在這裡以道教的科儀，為信眾消災、解厄、祈福、賜財。像是農曆新年的祭改、禮斗及移星轉運進寶招財法會及玄壇元帥聖誕三月十五的招財法會等，都以

正統的道教科儀，奏請諸路神明，來為信眾照亮本命元辰、化解災厄，進而能轉運、開運，財運臨門。

因為神明靈驗、有道長執行法事，所以，這裡的光明燈、太歲燈、財庫燈等，也很受到歡迎。此外，來這裡拜拜，除了請五路財神為你補庫、開財庫，也別忘了求發財錢和虎爺的發財母錢。在敬拜過五路財神和各殿神明後，一定要回到正殿來求發財錢。發財錢可做為日常花用，也可使用在與事業或工作相關的費用上，可以達到錢滾錢、財源不斷的效果。

↑ 虎爺將軍

↑ 專賣虎爺供品的店家

石碇五路財神廟的虎爺，知名度也不下於五路財神，因為太受歡迎，所以特別將虎爺移置廟埕，設虎爺將軍行館。一旁擺放多個元寶盛裝的「錢水」，讓信眾大錢換小錢。來祭拜虎爺也別忘了帶供品，積習成俗的是以香腸和雞蛋來拜。有趣的是，廟旁有專門為民眾準備供品的店面，拜過虎爺的生香腸和雞蛋，可以拿來這裡換熟的烤香腸和茶葉蛋。因為常有人吃不下，就送給老闆，老闆就將這些供品拿來做公益，轉送給慈善單位。這也是一種行善積德，能為自己帶來好運！

財氣滿滿的廟堂設計

↑ 石碇五路財神廟拜殿金光閃耀

　　石碇五路財神廟不僅地靈人傑，對廟宇的建築及神殿的設計也別出心裁。到處都可以看見喜氣的元寶，像是正殿前的香爐、祈福的功德箱、殿前龍柱和虎爺的聚寶盆等，全都是元寶造型。巨大的金爐也曾被譽為全台最大，外形是圓滿的寶庫，整體鎏金，爐頂上也堆滿了元寶。

　　除了元寶外，這裡的另一項特色就是金光閃耀！五路財神廟以金漆的金黃色或是黃色做為基本色調，正殿中的神龕和五路財神神像在視覺上最令人震撼。與真人尺寸相仿的財神像，不論是神態或姿勢都栩栩如生。此外，神龕前還供奉一般五路財神少見的護法神將和童子，也別忘了請祂們幫助賜財。供桌上各種金光閃閃的「求財器」，像是金雞和聚寶盆等，是特別設計給信眾開運的風水物。

　　而2樓共有三殿，主殿供奉了觀音大士，左殿供奉道教諸神、濟公活佛、文昌帝君，右殿太歲殿中陪祀月老星君。

↑求財器聚寶盆

↑元寶造型香爐

↑石碇五路財神廟頂層觀音殿

石碇五路財神廟祈求財神加持，最正確、也最有效的求財法是購買香鋪所販售的開運補庫金箔，每份600元。金箔的組合可求財、招貴人、補財庫等。祈求開運者要填寫疏文，然後男左、女右蓋上手印。金紙上也按上手印，代表是為自己的庫官補庫。

祈求「發財錢」的方式很簡單，只要誠心向財神爺說明，就可以帶回。先擺放在家中神桌或財位7天，然後再拿出來花用，就可以錢滾錢、利滾利，財源滾滾。

↑廟方準備各式祈福開運金紙

石碇位於新北市的東區，可與新店、深坑、坪林、平溪的旅遊線串連。石碇老街是值得走走逛逛的景點，可以品嘗各種手工豆腐料理，老街上百年古厝、高腳屋也是特色景點。如果想看看絕美的風景，可以在清晨時到翡翠水庫上遊的「石碇千島湖」，氤氳的山氣和湖光山色，美如仙境！

↑石碇老街

｜大溪迎富送窮廟｜

地址：桃園市大溪區康莊路五段 12 巷 18 號

電話：(03) 388-9355

官網：http://www.033889355.com/

↑大溪迎富送窮廟

↑正殿元寶神龕

　　「迎富送窮廟」的廟名很不平常，但也清楚點明了這裡是不折不扣的財神廟。廟名源自於特殊的「送窮法門」。其實，自古就有送窮鬼的習俗，認為不送走窮鬼，財富也留不住！

　　大溪的迎富送窮廟自創設以來，就以「送窮法門」幫助不少人迎財納富。每年的新春和祈福法會，都以創新的活動，吸引了大批信眾和媒體。像是改裝打地鼠的遊戲機，用來象徵打窮鬼，這些新鮮的創意，也讓前來求財的信眾，體驗不一樣的求財法門。

　　送窮為古代民間的傳統習俗，最具代表性的介紹是唐朝韓愈的〈送窮文〉，內容是以自己的經歷所撰寫，關於窮神和送窮鬼的文章。大意是這樣的：

正月 30 日，主人吩咐僕人以柳枝做車、捆草做船，各裝上米和乾糧，車子套上牛來拉，船則掛上帆。然後對窮鬼三鞠躬說：「聽說你們就要走了，不敢問你們往哪裡去，所以私下準備了船和車，也送上了穀米和乾糧，今天正是吉日良辰，利於行走四方。準備了一碗飯、一盅酒來為你們送行，你就帶著朋友一起離開這個舊地方，去往新的居處。駕車揚帆、風馳電掣，您應該沒有留下來的理由，而我有資助與送行之恩，你們豈有不走的道理呢？」

沒想到仔細聆聽，竟然有聲音逐漸清晰，一個窮鬼說：「我和你相伴已經四十年，也沒有要離開你的意思，今天你說知道我要走，一定是聽到別人的謠言，我孤身一人，誰是我的朋友？你如果都知道，等於揭開了這個秘密，那我怎麼能不離開！」主人說：「你以為我不知道嗎？你們一個叫智窮、一個叫學窮、一個叫文窮、一個叫命窮，第五個叫交窮，這五個窮鬼，是我的禍患！」話才說完，這五鬼噗哧笑了起來，接著說：「你既然道我們的名字和作為，那麼趕我們走，實在是小聰明、大糊塗。我們為你樹立名聲，因為小人和君子是不同的，你雖然被貶職到了遠地，但是我們也不願意離開你，你如果不相信，可以從詩書中找到答案。」主人聽了，最後還是燒掉紮好的船和車，無奈地請祂們上座。

韓愈的〈送窮文〉，介紹了五窮鬼和送窮鬼的做法。《金谷園記》中也記載了另一位窮神的來歷：顓頊（黃帝之後的帝王）有一個兒子叫「瘦約」，喜歡穿破衣、吃碎爛的食物，有人做了新衣給他，他就弄破、用火燒破後再穿，所以大家都叫他「窮子」。他在巷中死去的日子是正月 29 日，於是人們就做碎食、破衣，在巷中祭祀他，後來演變成「送窮鬼」。

民間對於「送窮」有很多不同的方式。有的將家中塵土掃起來後倒到屋外去，也有一種是掃起一畚箕的塵土，再用紙剪成婦人的形狀、手拿掃帚、背上有袋子，袋裡裝上乾糧，然後放在畚箕內；或是

將家中塵土倒在門口，再用 7 塊煎餅蓋在上面等。送窮的日子各地也有不同，有的在正月初五、初六，或是正月的晦日（農曆的晦日為每月的最後一天）。

傳承古代的送窮習俗，迎富送窮廟就創制了「送窮迎富」的法門。先送走五窮鬼，再祈求五路財神賜福、賜財。也就是先掃除了貧窮的原因，財富才能滾滾而來。

↑一年一度的迎富送窮大法會

天公作主，五路財神賜財

迎富送窮廟主祀玉皇大帝，同祀三官大帝與五路財神王。陪祀有觀音大士、關聖帝君、濟公禪師、九天玄女、城隍尊神、月老星君及福德正神等。

既然是送窮迎富法門，敬拜的方法也有一定規矩。先是抵達正門牌樓後，沿著地上的鋪石，緩緩地走向廟門。意思是人生總有坎坷路途，雖然難行，還是要勇往直前！抵達廟前後，在「元寶轉運池」前，舀水沖洗元寶，再以雙手觸摸，再用右手劍指點眉心、人中、胸口及左右肩，同時唸口訣：「沾沾財氣、除除穢氣、淨口淨心、謝天謝地」，然後向正殿三拜，再從龍門進入拜殿。

進入正殿後，先到服務台購買「迎富送窮金紙」，然後敬拜正殿的玉皇大帝、三官大帝，祈求消災、賜福、解厄，並請五路財神王禳災、賜財。之後再依序敬拜殿中的諸位神明。

在濟公禪師神龕前，先取桌上的蒲扇搧去穢氣、窮氣，再取桌上

↑濟公禪師前的送窮船金爐

的送窮咒文，按上手印，唸咒文一遍後，在「送窮船爐」中燒化。送走窮氣後，就可以回到正殿，向天公和財神擲筊求發財金。聖筊共有6對，代表的是五路財神和玉皇大帝。誠心三拜後，一起擲筊。一筊可得58元發財金，五筊可得588元發財金，如果六筊皆為聖筊，還可獲得招財金牌一面。

開運祈福小秘訣

除了進廟前要走過石板路，出廟門後也規劃有一區大型筊杯的步道，這6對筊杯都經過開光加持，離開時別忘了走這條步道，可以增強自己的財運。此外，這裡的月老星君也十分靈驗，可以向月老求紅線，或寫祈願牌，但切記姻緣有成時別忘了帶喜餅來還願。如果對求財器有興趣的人，也建議大家可以參考，因為與市售相關產品十分不同，像是以豹為造型的「贏到爆」和五行手鍊等。

廣受尊崇武財神關聖帝君

　　全台主祀關聖帝君的廟宇不計其數，關帝也幾乎是台灣廟宇中最常見的陪祀神明，許多行業也以關帝為守護神，像是商人、會計、警察、軍人等，民間也常奉關帝為文昌神，可見關帝在一般民眾心中的崇高地位。

　　除了玄壇元帥外，奉關聖帝君為武財神已獲得普遍認同，台灣也有不少關帝廟融入了財神信仰。最具代表性的有桃園龜山的威天宮、台中南天宮和高雄關帝廟等。

｜龜山威天宮｜

地址：桃園市龜山區大坑路三段 150 巷 6 弄 1 號

電話：(03) 316-6455

官網：http://www.tywtg.com

↑威天宮正門

↑巨大內殿

　　桃園龜山區有一座宛如帝王宮殿的威天宮，主祀的關聖帝君分靈自山西運城祖廟。廟中鎮殿的關帝神像高 7.2 公尺，形態威武、手捧春秋，並自祖廟帶回百年青龍偃月刀與漢壽亭侯聖印兩大寶物。

　　威天宮是由知名製作人李鵬發願創建的關廟，因緣始於民國 88 年（西元 1999 年），當時李鵬正在大陸拍攝《紅面神童—少年關公》而與山西運城祖廟結緣，而廟方也早有預感將有人前來重修牌樓，也為李鵬的電視劇寫好劇本，也先將台灣廟宇命名「威天宮」。

　　威天宮的廟宇建築高大雄偉，不僅屋頂全以金色鎏金，加上兩座獨立於廟殿前的鐘鼓樓、寬廣的廟埕，居高臨下的山水美景，讓人一走進威天宮的範圍，就能感受到恢宏的氣勢。

　　威天宮所在的位置為百年前就被地理師看中的「五爪龍帝穴」，這個龍穴坐正北、朝正南，是帝王之位。日治時期，就有先民在此發現罕見冷泉，做為日常飲用。這口稀罕的冷泉，也特別規劃設計為「九

龍脈靈泉水」，自九龍口中吐出靈泉，供信眾取用。

　　威天宮建廟於帝王穴位，也有不少傳奇。除了祖廟早有預感，而由關聖帝君親自賜名；廟址所在位置，也因為因緣巧合選定了絕佳的龍穴。特別的是自高速公路下林口交流道，必須經過忠義路才能抵達威天宮，正好符合關聖帝君的「忠義」氣節，讓人感受到得冥冥之中，神明自有安排。

7.2公尺銅塑關帝坐鎮雄偉金殿

　　不僅宮殿式的建築令人望而生威，一走進廟殿，也被高大的關帝聖像所震懾。這座高7.2公尺、呈現威武坐姿的關帝像，以7公噸的青銅製作，寬廣高大的背景，也以青銅雕塑，兩側是「眾神朝拜」與「仙女獻瑞」，整體氣勢宛若天界。加上正殿挑高、廟頂由上而下的光線照映，呈現出令人驚嘆的七彩光暈。整座殿堂，既充滿藝術氣質，又兼具廟堂的肅穆靈氣，可說是全台獨一僅有，與一般的傳統廟殿有很大的不同。

↑ 鎮殿關公

　　因為與山西運城祖廟有很深的因緣，所以祖廟特別贈送兩件珍寶。一是在祖廟已供奉百年的青龍偃月刀，另一件是由千年祖廟廟石所刻的漢壽亭侯印。前往參拜時也別忘了貼近體驗，感受不可思議的神奇能量。

　　威天宮的拜拜方法也與其他廟宇不同，不燒香、不燒金紙、不設

供桌，而以「轉運龍銀」替代。此轉運龍銀是由關帝指示所創，信眾來此參拜，可先至服務台請購兩枚龍銀，以掌心各放一枚，然後合掌敬拜，默念自己的姓名、生辰、住址及祈求的願望，然後鞠躬禮拜。再將一枚龍銀投入結緣箱，另一枚龍銀過爐後帶回。可將龍銀放置在家中財位，有開運、安宅的效果；也可隨身攜帶當做護身符，也可以催旺財運。

除了以轉運龍銀敬拜外，威天宮也提供「關聖帝君祈願書」。可以在祈願書寫下自己的願望，由法師在每月初一、十五時，統一上疏文請願。如果願望實現，廟方也在每月第一、三周的周六，上午 11至 12 時為信眾上疏文還願。

另外，威天宮廟地寬廣、視野遼闊，在廟殿左側還規劃有臥佛區，在虎側設有諸葛武侯聖像和八卦陣。

臥佛區有巨大的臥佛洞，洞內供奉釋迦牟尼佛側臥的涅槃像。臥佛洞兩旁是玄奘取經與如來佛收伏孫行者的雕塑，表情與姿態都唯妙唯肖。臥佛洞前的公園中還有鳳凰靈樹與鳳凰橋，可以向鳳凰靈樹求子，鳳樹求男、凰樹求女，方法是繫上紅毛線來祈願。如果求姻緣好合者，可以在服務台購買「長相鎖」，然後將鎖鎖在鳳凰橋上。

廟殿外虎側為九龍脈靈泉與孔明先師的八卦陣。孔明先師被喻為神機妙算，在這個戶外敬拜區，可以祈求開智慧、添平安、添財運。如果覺得近來運勢不佳，可以誠心步入八卦陣圖上，祈求孔明先師為自己扭轉乾坤，大開智慧、財運亨通。臨去前，也可取用龍泉，為自己清淨磁場，祈求厄運走，好運到來！

↑孔明先師祈福八卦陣

威天宮的服務人員都很熱心,如果對拜拜的方法或流程不清楚,都可以尋求協助。主要是這裡不燒香,祈福的方法為購買轉運龍銀,面額有 100、500、1000,可視需求選購。殿內也有結緣的平安米、鹽與關公香火,可隨喜取回。正殿兩側還有觀音殿與文昌殿,可購買許願牌祈福。觀音

↑ 威天宮以轉運龍銀祈福

殿中供奉的是送子觀音,對於求子特別靈驗,加上鳳凰靈樹,效果更好。

威天宮雖屬於龜山區,但距林口區不遠,旅遊路線的規劃可安排台塑企業文物館、世界警察博物館、桃園酒廠、林口老街和林口文化花園夜市等。桃園酒廠是台灣製作清酒的重點酒廠,所產製的清酒也屢獲大獎;酒廠也規劃有不少適合漫步與參觀的展館,是兼具產業與文化的觀光景點。

台中南天宮

---- --- ---- --- ---- --- ---- --- ---- --- ---- --- ---- --- ---- --- ----

地址：台中市東區自由路三段 309 號

電話：(04) 2211-1281 、 2211-3987

官網：http://www.tcntg.org.tw

↑ 正殿主龕關聖帝君

↑ 關帝坐姿巨像

　　位在台中市東區的南天宮，是中部地區頗負盛名的關帝廟。後殿樓高 6 層，樓頂上立有高 146 台尺（約 44.2 公尺）的坐姿關帝像，不僅是台中市的地標之一，也是關帝的信仰中心。後殿 6 樓供奉文財尊神與五路財神，還規劃一座財神洞，與武財神關公共同為信眾補庫、賜財。

　　台中市南天宮的前身為民國 38 年（西元 1949 年）在台中市北區大誠街的「善修堂」。民國 39 年（西元 1950 年）堂主龔顯柴成立南天宮興建籌備委員會，在副堂主蔡奇瑞號召下，各界信眾護持，於民國 41 年（西元 1952）年完成正殿工程，並在農曆 5 月 13 日依古禮舉行神像入火安座。

南天宮的建設共耗時5年，陸續完成正殿、三川殿與東、西廂房。其中主要的龍柱、棟樑等建材均自大陸進口，極為考究的傳統工藝隨處可見。新建廟堂，是一座閩南風格的宮殿式廟宇建築，殿堂宏偉、氣勢非凡。廟殿中的神龕、樑柱、石雕、壁畫等，做工都十分考究，呈現出華麗莊嚴的氣勢。

民國69年（西元1980年）時蔡奇瑞接任主委，毅然決定興建後殿大樓及146尺關公神像。再歷經4年，於民國73年（西元1984年）完工。關帝巨像及宏偉的廟殿，吸引了全國各地關帝信眾前來參拜，也使南天宮成為中部地區最具代表性的關帝廟。

後殿共有6層樓，共設有17座神龕及1座財神洞。分別供奉民間最常普祀的神明，廟方也在各個神龕前設計了神明的解說牌，讓信眾能更了解神明的事蹟。各殿也擺設了許多開運的器物，也將祈福方法做說明牌，方便信眾自己操作。甚至為了滿足各國來的遊客，南天宮還準備了英文版的籤詩，將台灣的信仰文化推廣到國外去。

此外，後殿兩側也規劃了宗教文化公園。所以，參拜南天宮，不僅可以細細閱讀神明的故事，體驗各種開運神器，慢慢地學習台灣的廟宇文化，讓拜拜就像是參觀一座宗教博物館。最後再到1樓的小庭園中走走，感受廟宇特有的寧靜氛圍。

財神洞學習致富守則

南天宮正殿主祀關聖帝君、陪祀太歲星君與斗姆星君，拜殿的前方設有一座大型金元寶，是南天宮的招財聖物。祈福的方法是，先把財氣投入元寶中，也就是投入金錢引財，然後正摸元寶得正財，偏摸元寶得偏財，摸元寶、寶珠得財氣，再用雙手由外向內抓起，將財氣裝入口袋或皮夾中。

在參拜過正殿及左右廂房後，搭電梯直上6樓。6樓是財神的殿堂，

主龕供奉武財神關聖帝君，左龕供奉天官文財神，右龕供奉玄壇元帥與五路財神。神龕後方為財神洞，神龕前方設計了十二生肖的財庫。

↑石來運轉

↑財神洞

　　6 樓參拜的順序是先拜主龕武財神關聖帝君，再拜左龕的天官文財神、右龕的五路財神，然後進入財神洞。洞口有銅鐘和金錢串，先敲鐘稟告財神即將進財神洞，再摸金錢串來接引財氣。進洞後依序敬拜洞內的五路財神，洞內牆上也繪有好幾幅 3D 透視吉祥畫，還有十大致富守則。繞行一周，不僅得到財神庇佑，也學習財神教導的致富守則。出洞後，再到殿前的十二生肖財庫，將錢幣投入自己生肖的財庫中。

　　南天宮前後殿共有超過 20 個神龕，最特別的是文昌殿設有「石來運轉」的轉運石硯，是神明加持的神器，透過口唸祈求文，轉動石硯來為自己開運；文昌殿還設有一張狀元椅，坐上後讓文昌帝君為你加持，能夠智慧大開、高中狀元。另一側的月老星君殿的布置也很有巧思，設有姻緣橋、桃花池、姻緣椅等。讓信眾不只是向月老祈求姻緣早到，還可以透過種種儀式，為自己的人緣加分，桃花朵朵開！

後殿 1 樓也十分精彩，有渡限橋、開運春牛、鎮宮二寶、文財神和福德正神等。所以南天宮不只是供奉武財神關帝，還供奉各式神明來為信眾滿足健康、平安、姻緣、子息和學運等需求。也讓你透過拜拜、活動儀式，讓自己充滿正能量、財氣充沛、廣開善緣。

開運祈福小秘訣

南天宮的汽車過火儀式很受歡迎，所以特別規劃過火專區來為信眾服務。可以選定黃道吉日前來，或是每月的初一、十五，時間為上午 9 時至 12 時，下午 2 時至 4 時。可以抵達廟埕後向服務台申請，就能為家用車或商用車消災、開運。

旅遊小建議

南天宮位於台中火車站附近，台中文化創意產業園區和最近很熱門的柳川河岸公園都是很好的旅遊去處。文台中文創園區不僅有不定期的特設展，園區內的文創店鋪也很有特色，還有假日市集可以逛逛。柳川河岸公園在白天和夜晚各有特色，當然在黃昏後各種裝飾的 LED 燈亮起，美不勝收，是不可錯過的美景。

↑ 台中市文化創意產業園區

｜高雄關帝廟｜

---- --- ---- --- ---- --- ---- --- ---- --- ---- --- ----

地址：高雄市苓雅區武廟路 52 號

電話：(07) 721-8782

官網：http://www.kdm.org.tw

↑ 高雄關帝廟　　　　　　　　　　　↑ 關帝廟前羅馬武士

　　高雄關帝廟為南部著名的關帝廟，也是聲名遠播的財神廟。1 樓的財神殿供奉五路財神、福祿壽三仙與四面佛，為信眾開運、賜財。2 樓正殿主祀神木雕刻的關帝聖像，威風凜凜、令人望而生威。門口的「羅馬武士」站崗和栩栩如生的赤兔神馬是最具特色的地標。

　　高雄關帝廟的始建年代已不可考，但在重修時偶然發現一塊界定陰陽的契磚，上面記載：「元癸巳年四月重修」、「得風水而發興」。據廟方沿革記載，癸巳年為元世祖三十年（西元 1293 年）。而廟址所在地，則是傳說中「七星墜地」的靈穴寶地。

　　據清代《鳳山縣采訪冊》記載：「關帝廟在五塊厝莊北，大竹，縣西五里，屋十六間，創建莫考。咸豐 9 年副將曾元福修，光緒 17

年舉人盧德祥重修，廟租二十石。現存癸巳年新捐銀三百元，尚未置業。」

上述文字記載清咸豐 9 年（西元 1859 年）台灣北路協副將曾元福曾主持關帝廟的重修，並撰「重修武廟碑記」，現在仍收藏於廟內。清同治 3 年（1864）曾元福升任台灣鎮總兵，再次主持修建，再親撰三副柱聯，現在也收藏在廟前的文化走廊。所以，來到關帝廟也別錯過參觀這兩件歷史文物。

現今的廟宇為民國 63 年（西元 1974 年）以後陸續修建、增建。民國 68 年（西元 1979 年）正殿及 18 尺（約 5.45 公尺）高的關公神像完工，隔年舉辦全台首見、七七四十九天的羅天大醮，並且一改傳統的豬羊牲禮，全改用鮮花素果代替，在當時是一大創舉。

鎮殿 18 尺關公巨像神威凜凜

關帝廟正殿主祀 18 尺高的關帝雕像，面貌威武、神態自若；同祀兩旁的關平、周倉將軍為立姿雕像，高度也有 18 尺，是一般廟殿中少見的大型神像，氣勢非凡，讓人在敬拜時更能感受神明的威儀。

此外，目前元辰殿所供奉的六十太歲星君也是台灣少見的神像雕塑。關帝廟最早安奉太歲星君時，僅設一面神牌。一直到民國 79 年（西元 1990 年）時，主委等人到大陸北京白雲觀參加道教交流會議，發現白雲觀供有 60 尊太歲星

↑ 正殿關帝與三文昌

君神像，於是向住持請求神像圖樣，並找到福建惠安的雕刻師傅按圖雕塑，隔年完成，迎回關帝廟安座時也舉辦開光及安座典禮。這60尊太歲星君的面貌與姿態為難得的神像雕刻，到元辰殿敬拜時可以放慢腳步，仔細觀賞。

高雄關帝廟的財神殿是廣受推崇的求財勝地。殿中主祀五路財神、南傳佛教的四面佛和福祿壽三仙。入殿後先看到南極仙翁與馱元寶的神牛，信眾可以購買金箔為神牛貼金，祈求祂幫忙運財。再往前走，是非常受到推崇、十分靈驗的四面佛。四面佛又稱大梵天王，在印度教或佛教都是法力無上的神祇，四面代表慈、悲、喜、捨，可以滿足民眾對於事業、健康、姻緣、財運的願望，敬拜時切記，不能只拜自己有需要的一面，四面都要誠心敬拜。也不要忘了，向四面佛許願要記得還願喔！

財神殿底為主要神龕，主祀五路財神。能為信眾剪瘟、禳災、補庫、賜財。關帝廟提供專用的祈福金紙，以補庫、寄庫的方式來開財運。正殿右側設有福祿壽三仙的神殿，是財富、事業、子嗣、功名、利祿、健康、長壽的幸福象徵，也是其他財神廟比較少見奉祀的神明。

↑財神殿內祀四面佛　　↑關帝廟1樓財神殿

高雄關帝廟的補庫、寄庫的儀式十分靈驗。所以要先填寫疏文、填入繳納祿庫的錢。所以金紙包括有供神的「發財金」、補庫用的「補運錢」（基數為 100 萬文）及依生辰而繳納的祿庫錢。廟方也準備有「靈寶進財符」，可搭配補財庫使用，對於催旺財氣更有助力。「百解靈符」則是針對流年不順的人有奇效，也別忘了索取來解災轉運！

↑ 補運金與發財金

高雄關帝廟距鳳山區的衛武營國家藝文中心不遠，如果剛好有藝文活動可以納入旅遊規劃中。如果往西走，就是高雄著名的駁二藝術特區和西子灣風景區，駁二特區這幾年的規劃越來越好，有不少特展和店鋪可以參觀，也可以在此搭渡輪到旗津逛老街、品嚐小吃。

↑ 旗津渡輪碼頭

主掌財富與福祿的文財神

文財尊神比干是最常見的文財神。此外，在民間常見的吉祥畫中，也有一位穿戴官服、官帽的天官，有人稱祂是財帛星君、增福相公，是南北朝時期的李詭祖；春秋時期的范蠡或三官大帝中的天官堯帝，也都是文財神的代表。

台灣以文財神為主祀神的廟宇並不常見，以嘉義文財殿規模最大、也最具知名度，澎湖馬公也有座比干廟，主祀神都是文財尊神比干。而范蠡則多做為陪祀神，在新竹主祀池府王爺的元亨宮、日月潭文武廟及新北市石門區的北海發財廟中，都供奉有陶朱公的神像。

｜嘉義文財殿｜

地址：嘉義市林森東路 470 巷 67 號
電話：(05) 276-6028、278-4885
官網：http://www.cywtd.org.tw/

↑ 嘉義文財殿

↑ 文財殿主祀文財神比干

嘉義文財殿不僅是全台最具規模的文財神廟，比干財神的坐騎金聖孔雀因為十分靈驗，也成為文財殿最亮眼的明星。信眾以大錢換小錢來跟金聖孔雀換發財母錢，總是能快速達成發財的心願。

　　嘉義文財殿的起源很早，傳說在明末清初時，有一位來自泉州的吳姓商人渡海來台經商，隨身帶來家鄉的香火袋，早晚焚香祝禱祈求生意興隆。有一天來到嘉義番社時已近黃昏，於是放下貨擔稍做休息。再挑起扁擔時，卻怎麼也舉不起來。覺得事情有異，於是擲筊占卜吉凶，原來是香火袋的神明要在這裡安奉濟世。

　　於是，吳姓商人就把香火供奉在家中。不久，番社發生瘟疫，整個地區疫情慘重，只有吳家平安無事。加上附近居民經常看到吳家有神光閃耀，於是街坊鄰居紛紛前來吳家拜拜，祈求平安。因為來此祈求的人都感到神明靈驗，患病的人也都慢慢恢復健康，疫情逐漸平靜。於是村民就集資為神明雕塑金身、籌建廟宇。但後來番社發生大火，廟和神像都被燒毀。經過歲月流轉，原地已改建為住宅。

　　二次戰後，吳熊來到番社，租下了西榮街264號的房子。省吃儉用了許久，湊足了錢就把房子買下。原本租屋時在此一切平順，但買下後卻不平安。家中諸事不順，子女也經常生病。吳熊本來不信鬼神，但在母親要求下到新港東興壇，迎請池府千歲神駕到家中扶乩請示。池府千歲指示：「此宅原為聖廟，災後無人聞問，所祀神明已暫返天庭。但神靈負有救世之責，於是又重返宅中等待機緣。」也指示吳熊只要以紅紙（後改紅布）寫上「財」字，供於神案，早晚焚香敬拜必有感應。吳熊依池府王爺的指示供奉「財」神後，家運果然逐漸好轉。民國60年（西元1971年）池府千歲再次來到吳家降乩指示：「因緣已經成熟，可雕塑金身奉祀，此神明乃『文財尊神』。」3年後，再建了大興宮，扶乩救世。民國70年（西元1981年）「文財尊神」再次表明身分，告知自己是殷商時期的比干。

　　因為文財尊神靈驗事蹟頻傳，大興宮已無法容納大批湧入的香客，

於是覓地重建。經過多次討論，選中了現址，地理師稱此為「五路聚財」的福地。自民國73年（西元1984年）動土，隔年開工興建，民國75年（西元1986年）完工，於農曆8月28日入火安座，改名文財殿。

全台最大文財尊神，陪祀靈驗金孔雀

文財殿是座充滿財神符號的財神廟，廟埕的護牆上就以五路財神石雕歡迎四方的信眾，廟前的天公爐，不僅設計成元寶造型，香爐底座還以吉祥神獸麒麟來背負，中門前的龍堵為「九龍賜寶」，護殿石獅不只雄偉，還腳踩元寶。

↑元寶造型天公爐

↑金聖孔雀

進入內殿，中央主祀文財尊神比干，面容慈祥、右手執如意，神像前的香爐也是元寶造型。左右兩側陪祀福財財神和善財財神。文財尊神下方，正是聞名全台的金聖孔雀。相傳金聖孔雀為玉皇大帝所賜的坐騎，和祂換發財錢母，相傳是招引財氣最快速又有效的法門。

文財尊神還特別以「金元寶」來增添信眾的財運，這金紙摺成的金元寶，必須向文財尊神祈求，以擲筊來決定數量。廟方建議以8個開始求，如果應允3次聖筊，就可拿回8個。如果是陰筊，就把數量每次減1，直到連續3杯聖筊，就是文財尊神賜給的元寶數量。這開運紙元寶可以擺放在家中財位，也可取1至3個放在隨身的皮夾中，時時為你招引財運。

補財庫也是文財殿很受推薦的速效法門，數量也要請示文財尊神。數量可以自訂，例如稟告3份，然後擲筊，如果是陰筊，數量就往上遞增；如果是笑杯，就把數量遞減，直到擲出3次聖筊，就是祂指定的數量。

文財殿的2樓正殿，供奉玉皇大帝與三官大帝，當然必須誠心祈求玉皇大帝為自己做主，請三官大帝賜福、消災、解厄，這是祈福開運必要的程序。因為唯有消弭災星和衰運，才能領受福德與財運。

而2樓凌霄寶殿中左右陪祀太陽星君與太陰娘娘，太陽星君是大地之神，太陰娘娘則被認為是能守護家庭和合、促進良緣的女神。廟方說，太陰娘娘與月老星君的做法不同，不只是牽紅線，而是會篩選合適的好姻緣。所以，有不少單身者來求文財殿的太陰娘娘，也多能尋到好伴侶。

2樓左殿供奉文昌帝君，是主掌功名利祿的神明。這裡的文昌帝君也廣受推崇，常有祈願者順利考上公職或順利升遷。所以，來文財殿不只求財，也能幫助學業與事業順利。

文財殿的金聖孔雀享有盛名，所以除了換錢水外，也可以向文財尊神祈求帶回金聖孔雀，擺放家中財位，天天為自己招財、鎮宅。不論是向文財尊神祈福、請文昌帝君保佑學運或是祈求好姻緣，廟方都備有疏文與金紙，可以到服務台詢問。

沿著林森東路往林森西路走，交叉處就是嘉義最受歡迎的旅遊景點——檜意森活村。這裡原來是日式官舍，經過重心規劃後成為歷史文化展演的場所，也有不少文創小店值得探訪。附近還有阿里山火車經過的北門驛（北門車站）、交趾陶館、林業藝術園區和森林之歌等，很適合安排一日遊的行程。

↑ 日式官舍改造的檜意森活村

聲名遠播的旺財土地公

　　土地公被視為守護鄉里的社神，但隨著時代與社會的演進，土地公不再只是庇佑地區平安的小神，也是能體察民情、賜福賜財的財神。不少人因為拜了土地公而事業翻轉、成功致富，不惜重金為土地公蓋大廟，靈驗事蹟也透過口耳相傳，吸引各地信眾前去朝拜。

　　網路上有不少全台灣著名財神廟的文章，其中絕對少不了土地公廟。像是北部的烘爐地南山福德宮、中部地區的竹山紫南宮、南部地區的車城福安宮、東部宜蘭的四結福德祠、五結奠安宮。

中和烘爐地南山福德宮

地址：新北市中和區興南路二段 399 巷 160 之 1 號

電話：(02) 2942-5277（正殿）

　　　(02) 2947-1276（財神殿）

官網：http://www.hunglodei.org/

↑ 新建殿堂

↑ 福德宮主龕內的福德正神

1980 年代，台灣民間盛行「大家樂」，烘爐地土地公屢屢開出中獎「明牌」，甚至傳說越晚開的牌越準，加上南山福德宮也是賞夜景的好去處，於是大家都選在晚上上山，成為越晚越熱鬧的土地公廟。

南山福德宮源起於清乾隆 4 年（西元 1737 年），當時呂姓的先祖（呂德進）從福建詔安縣秀篆鎮河美村帶著故鄉的香火，攜帶家眷渡海來台，在南勢角一帶開墾。在山間發現 3 塊石板，於是用石板架起小祠，將香火和一只陶製香爐供奉其中。

民國 41 年（西元 1952 年），南勢角地區逐漸開發，200 多年來這座小土地公祠保佑了大家的平安。但小石版祠實在太過簡陋，不堪風雨摧殘和野狗的肆虐。從事煤礦業的游興仁出錢重建石砌小廟，並雕塑土地公、土地婆金身供奉。

烘爐地之名，源自於廟堂所在的左、右、後方各有一塊突出的山頭，形狀就像烘爐的三支腳；而廟前下方又有塊巨石，就像是烘爐下的「火母」。於是，信眾也深信「烘爐地」是聚財的福地，又有「火母」持續燃燒，越燒越旺，財氣也生生不息。於是，「烘爐地土地公」的名聲就越來越響亮，信眾也越來越多。

民國 56 年（西元 1967 年），地方善信再次倡議重建，歷經兩年重新開路、鋪設階道，正準備要拆除小祠時，向土地公擲筊請示，但土地公一直不肯答應。大家認為應該是土地公要大家不忘本，於是保留小祠，在祠外建重簷式的廟宇，就成了罕見的「廟中廟」奇景。在重建期間，也傳出神蹟。常有人看到一團紅火在山間跳躍，在新廟建成後就不再出現。於是開始有人傳說這是「土地公火」，在建廟期間往來巡視，確保工程的安全。

民國 99 年（西元 2010 年）因拜殿不敷使用及年久失修，再次展開正殿與拜殿的修繕與重建。新建的拜殿採用傳統的木結構，古色古香；加上新建廂房，讓福德煥然一新。

全台最高的土地公神像

　　烘爐地南山福德宮海拔約 300 公尺，民國 81 年（西元 1992 年）管委會提議在登山口設立大型的土地公像。幾經討論，確定以吉祥數字 108 尺（約 32.7 公尺）做為神像高度，姿態為身著黃袍、頭戴員外帽、拄杖的立像，並且在基座設計石雕彩繪牆，工程於民國 85 年（西元 1996 年）完工。這座土地公像已成為南勢角山烘爐地的地標，遠從高速公路上就可以看見大土地公的慈祥面容。

　　現今的大土地像下方，已增建為財神殿，以 5 個獨立神龕供奉五路財神、文昌帝君與月老星君，殿前也設有大型平安橋與聚寶盆等開運神器。

↑ 108 尺高大神像

↑ 財神殿祀五路財神

南山福德宮主祀土地公、土地婆，陪祀山神星君與註生娘娘。除了參拜正殿諸神，後殿原來有3座石窟，供奉土地公和招財、進寶童子，在正殿修繕時已增建後殿，別忘了跟招財、進寶童子換錢水。拜殿中的土地公銅像不只是裝飾，而是可以和土地公換錢母，經過土地公袖口掉出的錢母，有很強的招財靈氣。也別忘了摸摸祂的鬍子、拐杖和元寶，可招引財氣喔！當然，新設的財神殿也是求財開運的聖殿，除了拜財神外，殿前的聚寶盆和平安橋，也可幫自己添好運。

↑南山福德宮換發財金的銅鑄土地公

南山福德宮順路而下，也可順便參拜觀音寺與供奉孚佑帝君的竟南宮，串連成宗教文化之旅。399巷124號有一間氣氛很好的日式蔬食料理「山間倉房」，這間餐廳有不少傳奇故事，傳說也受到土地公顯靈指示，後來從葷食改為素食料理。

南投竹山紫南宮

地址：南投縣竹山鎮社寮里大公街 40 號

電話：(049) 262-3722

官網：http://www. 紫南宮 .tw

↑竹山紫南宮

↑紫南宮土地公

　　竹山紫南宮每年借出、還款的發財金，動輒超過數億元，堪稱全台最大的土地公銀行；每年春節發送發財紀念幣，排隊隊伍也長達數公里，可見紫南宮的土地公不僅造福鄉里，威名也遍及全台灣。

　　竹山紫南宮位於舊稱竹腳寮的濁水溪渡口旁，隨著鄭成功軍隊而來的先民，來到濁水溪旁的林杞埔（竹山）往內山開發，漸成聚落。約在清乾隆 10 年（西元 1745 年）建廟，稱「竹腳崎土地公廟」，為墾荒先民的守護神。

　　傳說清嘉慶皇帝巡遊台灣時，曾來到濁水溪旁，見溪水波濤洶湧難以渡河，於是向竹腳崎土地公求助。土地公不僅顯靈助嘉慶皇帝一行順利渡溪，還護送至鹿港出海。嘉慶皇帝感謝土地公相助，賜官銜、

官帽，所以紫南宮的土地公身著官服，兩側也陪祀文武童子。

目前紫南宮內殿也供奉石頭公，石頭公約 30 公分高，原本鎮守在濁水溪旁。傳說清道光年間，當地居民到溪中取石塊當壓艙石，不小心搬動了石頭公，溪水瞬間變成紅色。居民大驚，於是誠心膜拜懺悔，並迎回石頭公在廟中供奉。當時有村民賴石牛所敬獻石香爐，上刻有「道光丁未酉年，新興石頭公」字樣。

紫南宮後來在清咸豐 5 年（西元 1855 年）集資改建，定名為「紫南宮」，日治時期再重建為木樑結構的磚瓦廟宇。一直到民國 69 年（西元 1980 年），舊廟屋瓦破損不堪使用，於是由村民集資重建。在拆除舊廟樑柱時，卻發現中空的樑中出現兩尾大蛇，工人一驚，打暈了其中一隻。有村民見狀，急忙阻止，因為傳說蛇是土地公的護將，不可傷害。便將打暈的大蛇置於廟後的靈穴中，後來不知去向。而打了蛇的工人也莫名生病、無法工作。村民建議他要向土地公陪賠罪，說也奇怪，工人道歉後病就不藥而癒。

後來在進行挖地基的工程時，隔天卻在地基中出現許多小蛇，工人不敢驚擾，請教廟方如何處置。在向土地公焚香祝禱後，將小蛇移置到廟後靈穴，小蛇後來也不見蹤跡。連續兩次出現蛇的事件，被認為是土地公顯靈，二尾大蛇稱「雙蛇護廟」，地基的小蛇稱「小龍會」，至今仍是信眾津津樂道的話題。

全台金流最大的土地公銀行

二次戰後，物資缺乏，村民生活並不寬裕。紫南宮便借「福德金」幫助村民紓困，或做為創業基金。在民國 50~60 年左右，紫南宮就曾借出最高 4 千元的「福德金」，當時工人的月薪也大概只有 2 千元。

借「福德金」的村民創業有成，於是吸引了更多人來向土地公借「發財金」。因為人數越來越多，紫南宮就規定外地人必須有在地人

擔保，且一次借金的上限為 200 元。當然，以「發財金」創業致富的人也不少，還款金額也多高過借金，甚至曾高達 20 萬元。民國 76 年（西元 1987 年）後，「福德金」調高為 600 元，也不再只限定在地人才能借。因為借金而賺大錢的事蹟屢見不鮮，聞風而至的人數也不斷攀升。民國 106 年（西元 2017 年）就超過 70 萬人，借金金額約 4 億元，還款金額約 7 億元。最高還款金額也不斷攀升，曾有北部信眾創下一次還 290 萬的紀錄。

↑ 開運金雞

↑ 竹編大金雞是工藝家蘇素任的作品

紫南宮也將廟中的善款轉為在地民眾的福利照護，像是支付幼兒園到國中的學雜費、提供清寒獎學金，以及捐助老人用餐和急難救助等，充分展現土地公照護鄉里的精神。

向土地公求發財金一定要攜帶身分證，並以擲筊來決定金額，第一次擲出聖筊就可借 600 元，第二次為 500 元，依次遞減。借金與還金可到紫南宮專設的櫃台，因應人數眾多，還仿效銀行抽取號碼牌。在向櫃台登記後，就可取回發財金，記得再到土地公前致謝，並過香爐，也別忘了在一年內再回來還願。發財金可存入存摺，當作錢母來錢滾錢；或是將部分用在與工作或事業相關的支出上，達成錢咬錢的效果。

↑借金還金櫃檯

↑紫南宮每年推出招財錢母都吸引大批人潮

旅遊小建議

竹山紫南宮可與集集旅遊區結合，最好的旅遊方式是騎腳踏車，可以暢遊集集車站、綠色隧道、軍史館、明新書院等。老街上也不少特色小吃，特別推薦阿嬤臭豆腐，外皮香脆、豆腐薄而軟嫩，是少有的美味。距離再遠一點的推薦景點是特有生物保育中心，是一處很棒的生態教育場域；或是到竹山鎮的台灣影城桃太郎村，這裡曾拍攝不少電視劇，也是不錯的拍照景點。

屏東車城福安宮

- - - - --- - - - - --- - - - - - - - --- - - - - - - - --- - - - -

地址：屏東縣車城鄉福安村福安路 51 號

電話：(08) 882-1345

官網：http://www.fuantemple.org.tw/Platform/index

↑福安宮

↑戴官帽的福德正神

　　屏東縣車城鄉的福安宮以穿龍袍、戴官帽的土地公聞名全台，也被譽為全東南亞最大的土地公廟。靈驗的土地公也分靈至全世界，總數超過 2 萬尊，每年回祖廟進香的信眾難以計數。

　　據福安宮廟史記載，肇建年代約於清康熙元年（西元 1662 年），當時有來自福建泉州晉江的先民自安平靠岸，再轉往「鐵錠港」往南部開墾。先民依原鄉的土地公形象，雕塑神像蓋茅屋供奉。

　　〈台灣省通志宗教篇〉記載福安宮建於明永曆 8 年（西元 1654 年），

更早於廟誌所記載的清康熙元年，當時稱「敬聖亭」。後來因為來台先民水土不服、又常受瘴癘、疾病等困擾，於是供奉福德正神祈求平安。

清乾隆53年（西元1788年），當時台灣發生林爽文起義抗清，乾隆皇帝命嘉勇公福康安為欽差大臣來台平亂。當率兵來到車城，卻與叛軍對峙1個多月而無法攻破，加上官兵水土不服，紛紛病倒。於是福康安就向福德正神祈求相助，不僅官兵的病情好轉，也順利平定亂事。事後，福康安特別留下石碑為記，現存於廟堵。傳說福康安還奏請皇帝褒封，賜土地公王冠、龍袍。

↑ 劉明燈碑

廟中還有一面清同治6年（西元1867年）所立的「劉提督碑」，此碑為台灣鎮總兵劉明燈留下的勒石記念。碑文記述奉皇命至此保國安民，平定瑯嶠下十八社（今恆春一帶）的「羅發號」美籍船員遭殺害事件。當時劉明燈曾暫住福安宮廂房，後來也順利締結和平條約。傳說劉明燈與瑯嶠番社對陣時，有一白鬍老翁穿梭在番社陣中，原住民大為驚恐而畏戰，最後自願請降。

第三件文物是目前主龕上方的「活現」匾，是清光緒2年（西元1875）御史朱煥廷所獻。傳說他受派任到車城處理公務，因不得要領而屢屢受挫，後來到福安宮得到福德正神的啟示，所指派的任務也迎刃而解。回京後便奏請光緒皇帝賜匾，獻「活現」二字。

福安宮土地公顯靈事蹟還有一則。清光緒16年（西元1890年），

有一天土地公突然降下神諭，警示居民天災將至。3天後果然大雨成災、山洪爆發，眼見大水就要沖向東門，車城也將被洪水所淹沒。但隨著山洪沖下的巨木卻堵住了城門，洪水也自動分流、傾洩而出，村民因此得救。大家都相信這是福德正神顯靈，福安宮的香火也就越加興盛。

福安宮在清嘉慶年間曾經整修，稱「福安廟」；民國46年（西元1957年）改建，更名「福安宮」。現今的廟殿為民國69年（西元1980年）擴建、76年底（西元1987年）完工，成為三進、六樓的雄偉廟宇，號稱全東南亞規模最大的土地公廟。

↑ 神明點鈔機

全東南亞規模最大的土地公廟

新建的八角金爐因為燃燒氣旋的作用，可自動將金紙一張張地吸入，就像點鈔機一般。經過媒體報導後，「神明點鈔機」的奇特景觀立即傳遍台灣。全台的信眾和遊客也因為最大的土地公廟和「神明點鈔機」的威名，而前來朝聖。

福安宮除了主祀福德正神外，還陪祀有許多庇佑黎民的神明。1樓正殿陪祀太陽、太陰星君，左右偏殿供奉天上聖母與註生娘娘。3樓主祀觀世音菩薩，陪祀文殊菩薩與藥師佛。頂樓主殿為凌霄寶殿，

供奉玉皇大帝、三官大帝、南斗與北斗星君。頂樓另設有文昌殿，供奉文昌帝君、倉頡先師、孚佑帝君與魁星，其中的倉頡先師塑像十分奇特，雕有6眼。

除了向福德正神祈求開運外，一樓偏殿有文、武財神，供奉文比財神（比干）和武財神玄壇元帥，可向財神為你開財庫。拜過1樓後，要直接上6樓參拜玉皇大帝和三官大帝，祈求消災、賜福，一旁的文昌殿主祀文昌諸神，雖然文昌帝軍主掌考運，但如果有職位上升遷也可以請文昌帝君幫

↑ 福安宮文昌殿

忙。最後回到正殿，別忘了請一份「平安財寶米」，可混入家中食用米中，或是擺放財位，為自己開運招財。

旅遊小建議

福安宮外就有屏東知名小吃綠豆蒜可以品嘗，黃家、阿婆、林媽媽都有不少人推薦。車城也是北往南部恆春、墾丁的必經之地，可搭配海洋科學博物館，串連成旅遊路線。

↑ 屏東著名小吃綠豆蒜

四結福德廟

地址：宜蘭縣五結鄉福德路 68 號

電話：(03) 965-0428

↑巨大的土地公像已成為地標

↑鎮殿土地公

　　民國 88 年（西元 1999 年）12 月 19 日，全台最大鋼雕覆金的土地公舉辦盛大開光典禮。經媒體報不斷報導，最大也最貴重的「金身土地公」聞名全台。民國 95 年（西元 2006 年），這座銅雕土地公坐鎮於 4 層樓高的廟殿上，再度成為四結福德廟的傳奇。

　　位於宜蘭縣五結鄉的四結福德廟，創建約於清光緒元年（西元 1875 年）。因為先民開墾多從事農業，於是在清光緒 33 年（西元 1908 年）供奉五穀王公；也因二結鎮安宮的古公三王威名顯赫，為漳州移民守護神，所以再增祀古公三王。

　　四結福德廟的土地公有不少神異傳說，不只保境護民，也協助遠地信眾化解災厄。據在地耆老回憶，日治末期的二次大戰期間，美軍大舉轟炸台灣，廟前的紙廠是當時的目標之一。有一次空中投下許多

炸彈，但大多都掉落在田裡，少數命中建築的也多未引爆，造成的傷害不大，村民都傳說這是土地公顯靈，化解了轟炸的危機。

另一則神蹟是民國 88 年（西元 1999 年）7 月，九二一大地震前一個月。當時有台中大里區九天宮的進香團到花蓮進香，回程時來到福德廟參拜。江姓住持抵達後就覺得有所感應，於是擲筊請示福德正神。福德正神指示江姓住持應在中秋前盡速「繳庫」，以避災厄！住持心想，可能無法在短時間內募到資金，福德正神又指示他說：「沒有問題！」隔天回到大里，他便將此事告訴信眾，不到一天就募到 3 台卡車的「庫錢」，並選定吉日良辰，將庫錢運到福德廟繳庫。不久後，就發生九二一大地震，中部地區災情慘重，但九天宮及附近居民都沒有傳出嚴重災情，信眾們都相信這是福德正神的庇佑。

四結福德廟的土地公有兩位土地婆的故事，也是廣為流傳的話題。起因於民國 81 年（西元 1992 年）新廟落成時，鎮殿土地公高 2 尺 9 寸，但相伴的土地婆卻只有 1 尺 6 寸，視覺上很不協調。於是主委便向土地公請示，「是否再新雕一尊尺寸相當的土地婆？」得到允杯，因此就有土地公娶小老婆的傳說。之後，民國 88 年（西元 1999 年）又有林姓台商告訴福德廟執事，表示開基土地公跟他託夢，說祂也想要有二房。在擲筊確認後，

↑四結福德廟土地公有特別的「嫁妹習俗」

林姓台商自大陸雕刻土地婆神像，送回福德廟與開基土地公作伴。

這段傳奇故事，經過媒體報導後很快的傳開。後來在民國 91 年（西元 2002 年），花蓮壽豐鄉豐坪村福德祠被擺上了一尊土地公，村民怕

原來一夫一妻的土地公祠成了一妻二夫，恐有家變，於是向四結福德廟求助。但福德廟也實在難以相助，只能拒絕。後來豐坪村福德祠還公開為土地公徵婚，又成了新聞。

民國 96 年（西元 2007 年）四結福德廟率眾到南台灣考察，發現許多福德廟都沒有供奉土地婆，於是雕刻了 10 尊土地婆神像，稱為「土地公妹妹」，供各地的土地公前來「迎娶」。民國 99 年，彰化和美鎮福安宮主委的兒子出了車禍，冥冥中好像看到一位老婆婆出手相救，於是擲筊詢問福安宮土地公是不是要娶妻？然後選了 7 間福德廟擲筊問土地公，結果選了四結福德廟的「土地婆」。經雙方討論後，決定舉辦盛大的古禮嫁娶儀式，成為台灣宗教史上第一宗神明聯姻的傳奇。

後來又有遠從屏東里港，甚至是海外的福建廈門、新加坡的聯姻。迄今，「土地公妹妹」已嫁出 20 多尊，四結福德廟堪稱是土地公嫁妹的始祖。

純金被覆，最富貴的土地公

以純金披飾、最富貴的土地公金身供奉於後殿 1 樓。這座金身於民國 88 年（西元 1999 年）打造，總高 196 公分、以銅雕塑、外披純金 1,600 兩，造價超過 1,600 萬台幣，堪稱最貴氣的土地公。

↑ 金身土地公

福德廟後殿共有 4 層神殿，1 樓正殿祀金身土地公、古公三王及五路財神。與真人身高相仿的五路財神像，就分祀在正殿兩側，信眾可以靠近財神爺，仔細端詳神明的面貌，也可以投錢幣向財神爺許願，是很少有的機會。2 樓供奉文昌帝君與月下老人，殿中還擺設招財春

牛，可以提升好運。3樓供奉千手觀音和太歲星君，神龕前還供奉少見的「飛天虎」，是可以飛天、速度極快的賜財神獸。

　　後殿頂樓上的銅鑄土地公像，是依金身土地公的樣貌，等比例放大而建造。高約20公尺，若再加上廟殿的高度，總高達38.2公尺，在國道5號上就可以看見。會在新廟殿完成後，又增設這座大神像，靈感是來自信徒看見土地公顯靈。傳說民國83年（西元1994年），一位信眾看見土地公神像漂浮在空中，於是有了建造大土地公的想法。而原本想採用鋼筋水泥來製作，但考量屋頂無法承受重量，而更改為鋼構、銅塑，工程十分繁複而艱鉅，終於在民國95年（西元2006年）完工，成為蘭陽平原上的地標之一。夜間加上燈光投射，更顯得神光熠熠！

↑環保金紙　　　　↑正殿前許願池

　　為了提倡環保，四結福德廟特別設計了環保金紙，民國90年（西元2001年）推出第一套發財金紙，現在則改為一套5種，金紙上附陳稟疏文。包括：招財土地公金、五路招財金、觀音菩薩金、文昌功名金、月老姻緣金等。不僅使用環保紙，也以環保油墨印刷。以單張金紙來

替代傳統金紙，不僅達到減量使用，環保金紙焚化後也不會造成空氣污染、殘餘大量灰燼。

不僅在金紙上做改革，四結福德廟自民國105年底也停止燃放傳統鞭炮，而改用環保鞭炮，希望達到節能減碳，也減少廟會活動造成的環境污染。

開運祈福小秘訣

四結福德廟是一座結合求財、求功名、求姻緣、求事業發達的廟宇。這裡不僅有以純金被覆、全台灣最富貴的土地公，而所使用的黃金，正是信眾們還願所贈的金牌，願力與磁場極強。3樓主祀的千手觀音前有財神爺坐騎「飛天虎」，代表「如虎添翼」，為信眾招財更加迅速！

↑四結福德廟飛天虎

旅遊小建議

宜蘭是台灣發展休閒農業最成熟的地區之一，也有不少傳承地方產業文化的觀光工廠。鄰近四結福德廟就有玉兔鉛筆與博士鴨觀光工廠。玉兔鉛筆是5、6年級生小時候的回憶，除了可參觀鉛筆的製作過程，也有DIY活動可以親子同樂。博士鴨觀光工廠則是透過各種展示來呈現宜蘭的養鴨產業，以及各種美味鴨料理、鴨賞的製作等等。

五結奠安宮（掌財土地公）

地址：宜蘭縣五結鄉新生路 20 號

電話：(03) 950-7427

↑主龕前土地公

↑新建殿堂

全台灣的土地公廟，被視為財神廟的不少。但直接冠上「掌財土地公」名號的，應該只有位於宜蘭五結的奠安宮。奠安宮的鎮殿土地公，主祀少見的騎豺土地公。因「豺」與「財」讀音相似，騎豺掌財，雖不是唯一，但也十分罕見。

奠安宮啟建年代約在清道光年間（西元 1820-1850 年），距今至少超過 157 年。地方記載是由中福庄鄉紳張俶南先生發起捐建，召集了中福、五結、國民三大庄頭的地方士紳及鄉民共同籌資興建完成，原名「福德祠」。

清同治年間，因地方開墾有成、信眾日多，而另覓新址重建（今新生路 20 號）。除奉祀福德正神外，再新增五穀大帝、天上聖母、協天大帝、古公三王等神明，更名「福德廟」，後又改名奠安宮。

隨著五結地區的發展，原有小廟在歷經 40 年的天災和風雨的摧殘後，於民國初年曾進行修建。二戰以後，舊有廟宇已殘破不堪，民國 51 年（西元 1962）再發起重建，民國 55 年（西元 1966 年）完工。一直缺乏管理的福德廟，一直到民國 74 年（西元 1985 年）才召開信徒大會，成立管理委員會，並整理廟產、廟務，民國 85 年（西元 1996 年）才完成登記。

　　民國 93 年（西元 2004 年），舊廟已顯老舊而不敷使用，再次倡議重建，工程歷經 5 年才完工。新建廟宇煥然一新，不僅雕塑大型騎豺土地公，為信眾賜福掌財；廟簷上方整列的各式神明，也是創新作法，引起不少話題。

↑ 奠安宮廟頂上眾路神明交趾陶

　　除了騎豺土地公外，民國 101 年（西元 2012 年）廈門仙岳山土地公廟贈送一尊由花崗岩雕刻、高 6.58 公尺、重 30 公噸的騎豺土地公，是台灣唯一、也最大的石雕土地公神像。

拜騎豺土地公添財運

奠安宮一殿五神龕，主祀掌財土地公、同祀古公三王。左側一龕供奉祀關聖帝君、五穀大帝與月老星君，左側二龕供奉文昌帝君、武財神玄壇元帥和註生娘娘。右一龕供奉天上聖母，右二龕奉先賢神位。主龕下方陪祀虎爺，神態威武。殿中諸神，都是民間最常見的神明，滿足信眾對學運、財運、婚姻、求子、農業等心願。

在此介紹一下古公三王。祂們是宋末對抗元兵的三位將領，大王柳信、二王葉誠、三王黃勇（英勇），當時在福建彰浦壯烈身亡，鄉民緬懷三人氣節，建三王公廟祭祀，是漳州一帶的地方守護神，又稱三王公、古公或王公。

↑ 古公三王

宜蘭一帶的先民，以三王以英勇、又善醫藥治病，所以也自漳州帶來原鄉信仰。大王柳信精通醫藥，二王葉誠武藝高強、經通分金點穴，三王黃勇力大無窮、勇猛無比，對離鄉背景的移民來說，是最佳的精神依靠。而宜蘭的王公廟最具代表性的有五結鄉二結王公廟及壯圍鎮安廟，每年農曆 11 月 15 日的古公三王聖誕都會舉辦盛大的「過火」儀式。

開運祈福小秘訣

奠安宮備有「掌財土地公金」、「註生娘媽金」和「八路財神金」，同樣是單張的環保金紙、上附疏文。而主龕下的虎爺，可以大錢換小錢，換錢母，可以幫你大開財運。文昌帝君龕前有文昌筆和開運元寶，可幫你開智慧、招財氣，在誠心祈求後，也別忘了摸摸神器幫自己開運。

↑ 主龕下虎爺

旅遊小建議

五結奠安宮鄰近國立傳統藝術中心、冬山河親水公園和羅東夜市等旅遊景點。傳藝中心是很適合親子同遊的景點，有定期和不定期的展演活動，也有傳統閩南建築的老街，街上有各種吃喝玩樂的小店。街區中心有座文昌祠，也是很受歡迎的文昌廟。

另類財神廟

　　台灣的民間信仰因應時代與社會的變化，呈現出多元又精彩的財神文化。這些廟宇和神明，因為融入了財神的傳說，或是透過為信眾祈福求財的儀式，庇佑不少信眾走出困境、轉貧致富，經過口耳相傳，而成為求財的名廟。

　　除了文、武財神、五路財神外，台灣還有不少另類財神廟，這些「兼職」財神也很受到信眾的崇拜。像是準財神劉海蟾、偏財神韓信、太子財神三田都元帥、靈驗速效的四面佛、能助財運的白素貞和鎮守南天門的虎威王。

｜石碇元寶山仙石府｜

地址：新北市石碇區永定里 7 鄰大湖格路 16 號

電話：(02) 2663-8033

官網：http://shianshr.blogspot.tw/

↑ 仙石府

↑ 金蟾寶穴前劉海禪師

石碇元寶山仙石府主祀劉海禪師，廟中留有 3 塊巨石，其一被稱作「蟾蜍老王」，就是三腳金蟾的化現。曾姓住持因受到夢境啟示，而在此建廟，並以「請劉海蟾財神補財庫」幫信眾把財庫一次補齊。仙石府建廟源起於民國 90 年（西元 2001 年）的納莉風災，當時土石流將曾姓宮主古厝旁的土地公廟沖刷殆盡，在重整家園之際，意外發現祖厝前方出現 3 塊巨石，形似金蟾、白象與金獅。

曾姓宮主見此異相，忽然想起父親曾經不斷囑咐：「後世子孫不管有任何困難或變遷，皆不可將古厝變賣。」在一邊整理家園之際，有一天晚上忽然夢見一位童顏道人，手拿金錢串，戲玩三腳金蟾。驚醒後，心想這莫非是全真五祖之一的劉海禪師顯化，想在此建廟弘法。於是，下定決心為劉海禪師建立全台唯一的道場，命名「仙石府」。

海蟾祖師補庫賜財

這 3 塊靈石，分別代表 3 位神明：海蟾祖師的三腳金蟾、文殊菩薩的金獅和普賢菩薩的白象。而在興建之初，在金蟾寶穴前有一處水穴，不論怎麼用土石、水泥灌入，都填不滿。此時，海蟾祖師再度指示，這是金蟾的水穴，必須保留。而這口井，不論是雨季或枯水期，井水都不見升高或減少。目前井水也特別用來幫助信眾開運，可請回家中，用大碗裝水、置入五帝錢，再燒化財符，就可布置成一個招財聚寶的風水。

仙石府依著巨石與山勢而建，廟前供有海蟾祖師、韓信將軍及招財進寶童子等。拾階而上可以看見山神土地公小祠和「蟾蜍老王」、「象王」和「獅王」。不妨親手摸摸這 3 塊靈石，傳說有很強的靈氣！2 樓正殿供奉海蟾祖師、文殊、普賢及觀音菩薩等，神龕前方就是傳奇的「天井」。一旁為偏財殿，也供奉海蟾祖師，讓信眾在此求財寶

↑ 蟾蜍老王巨石

↑ 獅王

↑ 金象石

袋。3樓為濟世殿,主祀池府王爺、三清道祖、王母娘娘、九天玄女、濟公禪師等。會奉祀池府王爺,是因為曾姓宮主自小家中就奉祀至今。池府王爺文武雙全,特別悲憫眾生之苦。所以想求財的人不僅需要海蟾祖師相助,也可以請求池府王爺幫忙祛除災厄和小人。

　　仙石府為信眾開運祈福的法門很多,最著名的就是「請劉海蟾財神補財庫」科儀。這是海蟾祖師特別指示的開運法,是「送窮引富」

之法。依各人生肖查明所缺財庫，透過還陰庫債，再配合開運求財之法，才能常保財運、不虞匱乏！

開運祈福小秘訣

仙石府可以向海蟾祖師求三腳金蟾回家招財，是特別靈驗的方法。這三腳金蟾現場請道長點眼開光，就可請回家中財位或擺放辦公室。請回家後可以經常與金蟾說話，像是希望生意興隆或是提升業績等，有不少人都有靈驗的感應。每年海蟾祖師聖誕（農曆6月10日）時再帶回廟中，可再請祖師加持，保持強大的靈力。

↑劉海戲金蟾

旅遊小建議

仙石府與石碇五路財神廟隔溪對望，都是財氣很旺的財神廟。周邊的旅遊可以延伸到石碇老街、坪林的茶業博物館。茶業博物館在重新整修後，中國式的傳統園林造景塑造典雅的休閒氣圍。館內也有常設展及茶業的相關展示，可以瞭解台灣茶業的歷史和飲茶的知識。坪林老街也可順便逛逛，有在地小吃，和茶葉製作的小點心。

| 新屋八路財神廟 |

地址：桃園市新屋區笨港里文頂路 20 號

電話：(03) 476-6106

官網：http://www.balu.com.tw/

↑ 城門式山門

↑ 八路武財神

　　桃園市新屋區的八路財神廟，主祀武財神趙公明，主掌八路財庫。八路意指東、南、西、北、中和天、地、人（註）。除了正殿中高約5公尺的騎虎玄壇真君外，龍側護廊中的諸多神明也很巨大，最特別的就是賭神韓信爺。

　　八路財神廟源起於八路發財金。原本繼承家業從事金紙販售的曾春榮，因為環境變遷，生意大不如前，甚至面臨破產，又苦無其他行業可以轉行。於是在民國83年（西元1994年）赴大陸旅遊，藉此散心，也尋找機會。

　　曾春榮輾轉到了廣東深圳，巧遇一位白髮老翁。無意間聊到自己金銀紙生意失敗，老翁卻驚呼自己也是同行，只是年事已高，已經歇

業。但願意傳授傳說中的「八路發財金」的製作方法，並留下地址，約好明日當面詳談。

隔日一早曾春榮前往拜會，老翁取出一張「八路發財金」供奉在香案上，並說：「吾將教汝發財金製造方法之事擲筊，請示神明，惟需連續擲8次聖筊。」接著老翁要曾春榮誠心祝禱，然後一次次擲出聖筊，直說：「有緣，有緣！」又說：「暫且莫歡喜，尚需連續擲筊請示神明兩天，每次8筊連續聖筊，才能算是功德圓滿。」於是後來兩天，曾春榮都前往老翁住處，也都神奇地連續擲出8杯聖筊。老翁很高興「八路發財金」終於有了傳人，曾春榮也一掃生意失敗的沮喪，接著向「八路武財神」（趙公明）連磕3個頭，感謝神明的眷念。

後來老翁取出年代久遠、已模糊不清的「八路發財金」模版給曾春榮看，也傳授他製造口訣，並且再三囑咐不要辜負神恩，今後在台灣要好好敬奉「八路武財神」。

白髮老翁傳授八路發財金

回到台灣後，曾春榮依老翁所傳授的方法製作「八路發財金」，但卻乏人問津。沮喪之時曾求助於朋友，友人建議他到屏東的濟公活佛廟請示。濟公活佛說：「『八路發財金』必須到台北指南宮請示玉皇上帝的御准，才可以銷售。」於是他齋戒數日後，帶著3張發財金去到指南宮請求玉皇上帝恩准。在連續擲出12次聖筊後，才敢確定已獲恩准。後來也開始有人使用，而且感覺靈驗，銷路也越來越好。

在「八路發財金」銷售暢旺之時，有一天曾春榮在店裡休息，矇矓之中看見八路武財神降臨，告訴他要盡速建廟奉祀。於是在民國87年（西元1998年）在高雄旗山建八路財神廟，以「八路發財金」和可浮字的「無字天書」聲名大噪！民國89年在桃園新屋再建八路財神廟，不論是高大的八路武財神趙公明，或是主掌偏財的韓信爺，都創台灣

財神廟的先例；再加上曾老師非常樂於幫助信眾解惑，許多人都慕名前來，信眾遍及全台。

　　民國 95 年（西元 2006 年），新屋八路財神廟在雷電交加之際突然失火，兩分鐘之內正殿立即陷入火海，但所有人員和香客均及時逃出、毫髮無傷，深信是廟中神明保佑。災後的新廟正陸續重建，曾老師也常駐在此為信眾服務。

　　目前新屋八路財神廟除了以「八路發財金」為信眾補財庫，也再推出「旺運添財金」和「偏財金」，來為信眾開財運、求正財或是求偏財。除了正殿的八路武財神，陪祀的韓信爺是最受歡迎的偏財神，許多人不遠千里而來，就是希望韓信爺可以讓他中樂透、中頭彩。因為不少彩迷到此拜過韓信爺後，也真中了大獎，於是口耳相傳，吸引不少人到這裡來求偏財。

↑專求偏財運的韓信財神

　　除了偏財神韓信爺，陪祀的神明還有「服務業」財神天蓬元帥，也就是西遊記中的豬八戒，民間傳說祂特別照顧特種行業。也陪祀包公，讓有冤屈者，或是希望由包公來化解小人、冤親債主的人，也可以向祂擊鼓申冤。

　　※ 註：廟中財神為位於以八方、八路來稱謂財神的情況在台灣並不多見，但中華文化傳統中也有八方各有對應財神的說法，八方財神分別是：比干（東）財神、范蠡（南）財神，關公（西）財神、趙公明（北）財神、管仲（東南）財神、端木賜（西南）財神、白圭（西北）財神、李詭祖（東北）財神。

↑ 開運金雞

如果求財、拜八路武財神趙玄壇就使用「八路發財金」，如果希望
能補財庫、添財運就使用「旺運添財金」；如果是拜韓信爺、求偏
財的，就購買「偏財金」。廟中還有一殿供奉行業守護神，也有來
自南鯤鯓代天府的萬善爺，萬善爺也是很靈驗的財神。拜殿中有開
運紅蛋，可以向財神爺祈求後，在現場「脫殼」象徵改運，然後再
吃下代表好運的蛋。

旅遊小建議

新屋八路財神廟距永安漁港不到 5 公里，可以串連綠色走廊，以自
行車的方式來欣賞海景。綠色走廊旁也設有不少公共藝術區，可以
停下來拍照。這裡的夕陽也很美，許多人專程到這看海面落日，也
會有不少攤販在此賣小吃。賞過落日美景後，永安漁港有不少餐廳，
也可在此享用最新鮮的海鮮料理。

┃新竹天王寺財神廟┃

- - - - --- - - - - --- - - - - --- - - - - --- - - - - --- - - - - --- - - - - --- - - - -

地址：新竹市高峰路 217 號

電話：(03) 522-1322

官網：http://the-king.com.tw

↑財神廟拜殿

↑主祀三田都元帥

　　在全台灣的財神廟，新竹天王寺財神廟所供奉的三田都元帥應該是最罕見的。三田都元帥很容易讓人誤認為梨園祖師爺田都元帥雷海青，事實上田都元帥只是三田都元帥在唐朝時分靈的降世。

　　天王寺財神廟源起於台北市萬華區的廣州街，創辦人高騰原來只是個商人，二次戰後經營酒家，在二二八事件（西元 1947 年）期間在店內被不明人士所傷，但醫不得治，只好服用家中長工求來的三田都元帥靈符，病情才見好轉。

　　不久，三田都元帥托夢給高騰，說與他有緣，要他塑像供奉並宏揚道教。於是他先塑金身奉祀於廣州街家中，日夜焚香膜拜。後來，

三田都元帥又指示要建廟奉祀，於是在桂林路設立德興堂濟世，12年後又遷至民權西路，更名天王寺。又再經13年，因道路拓寬，廟殿必須拆去大半，此時，三田都元帥再次託夢，在夢境中顯現新廟址的畫面。高騰後來找到了新竹高峰路的現址，風水上為罕見的珍珠穴，並在民國62年（西元1973年）建成新廟，入火安座。

傳說珍珠穴必須經水火兩劫，才能發揮最大靈氣。在民國61年（西元1972年）完工前夕，碰上了颱風水災，廟基被沖毀。民國78年（西元1989年），又因燒香不慎、加上路人搶救失當而釀成大災，廟殿付之一炬，而三田都元帥金身也被大火燒毀。但災後重建速度堪稱奇蹟，來自全台的信眾有錢出錢、有力出力，歷時20天就重建完成。經過水火二災後的天王寺財神廟，香火果然更加鼎盛，來此參拜的信眾也倍感靈驗，名氣遠傳，可以說是新竹香火最旺的財神廟。

據廟方記載，三田都元帥生於唐堯時代，7歲得道、飛昇天界，受玉皇大帝敕封為玉皇三太子，掌理九天風火院，統領雷部24位正神；後又加封為太子財神，主掌天、地、人三界的金銀財寶，後世尊稱為財神爺公。相傳三田都元帥還有兩個弟弟，二弟為三恩主先鋒元帥，三弟為三義子先鋒元帥，但只有三田都元帥曾顯聖濟世。

三田都元帥只有7尊金身傳世，台灣傳有3尊：五祖、六祖和七祖。天王寺財神廟原來供奉的是六祖的第一代金身，但已在火災中燒毀，目前供奉的是第二代金身。

三田都元帥曾在唐玄宗時降世為宮廷樂官雷海青，在安史之亂時不願為安祿山在宴會中演奏助興，被挾持上殿時又大聲喝斥逆賊，又以琵琶擊殺安祿山，最後被斬、忠義而亡。唐玄宗感念忠義，封為「天下梨園都總管」，唐肅宗又封太常寺卿，唐端宗封為「田公元帥」。飛昇後的雷海青仍經常顯聖、救駕，傳說祂領天兵、天將助陣時，空中浮現「田都」二字旌旗，於是民間尊稱為「田都元帥」。

各種財器助招財，賺錢比別人快

天王寺財神廟雖然沒有宏偉華麗的殿堂，但一走到門前，就會被各種財器和吉祥物吸引目光。門前的兩尊招財進寶童子石雕，可以讓信眾「添金運財」。方法是購買 100 元的金箔和招財元寶香，將金箔貼在童子的運財金桶上，就是幫自己添金，然後回到家時，在門口點燃招財元寶香，就可以讓童子循香而來、送財到家。

內殿中央供奉的是三田都元帥，約莫 2 公尺高的大神像，身穿金甲、背插戰旗，但面容慈祥，微笑接引前來參拜的信眾。神像前的供桌上擺放了招財福袋供信眾結緣，袋中放了許多開運、祈福的吉祥物，可以在過爐後隨神攜帶，或放在家中財位。三田都元帥座前左右，有

↑ 主龕左前進寶童子

↑ 主龕右前進寶童子

兩尊銅雕的招財與進寶童子，是許多信眾口中十分靈驗的小財神。祈福方法是，摸摸眼、耳、鼻、口、手、腳等，能讓你耳聰、目明、聞得到財氣、吃到福氣、手腳靈活、賺錢比別人快！最後，也別忘了跟童子換錢母，是發財的利器。

內殿後方 3 座神龕奉祀了主掌運勢與財運的神明。中央主龕奉祀玉皇大帝及文武財神，左龕主祀觀世音菩薩，右龕主祀三官大帝。3座神龕前還有不少神威顯赫的神明，令人目不暇給。但是中央主龕前的濟公活佛，在神像旁放了搧去晦氣的蒲扇，可以在向玉帝、文武財神祈願後，拿起扇子，念禱文請濟公幫你送走五窮鬼。右龕三官大帝前的神桌上供有飛天虎，招財咬錢也很神速，也可以和祂換錢母，讓飛天虎迅速幫你錢滾錢、利滾利。

開運祈福小秘訣

面對眾多神明與財神該如何敬拜，可請教廟方的服務人員。目前廟方也準備有套裝的金銀紙，分別是 300、500 及 700 元，包括祈福疏文、補庫金和各式金銀紙。天王寺財神廟還保留有點大燭的儀式，許多公司行號都以這個方法來求財，聽說非常靈驗，從殿內擺滿了許多大蠟燭就可證明效果不差。

旅遊小建議

天王寺財神廟位於古奇峰風景區附近，不遠處也是一座主祀關聖帝君的大廟——普天宮。普天宮有座高 120 尺（約 36 公尺）的關帝巨像，前方還有小公園可以散步賞景。普天宮旁還有座知名月老廟，是竹科工程師的最愛，每年促成不少良緣。如果不想再拜廟，也可以到新竹市區走走，非常推薦城隍廟口的小吃，米粉、貢丸和肉圓都是新竹特產。

彰化四面佛寺

地址：彰化市石牌里石牌路一段 480 號

電話：(04) 738-8356、738-6055

↑ 主殿四面佛

↑ 彰化四面佛寺

　　台灣的四面佛信仰源自於泰國，早年有不少藝人都到泰國求四面佛，經媒體報導後引起風潮。台北市長春路的四面佛應該是台灣最早成立的四面佛寺，而彰化四面佛寺則是東南亞面積最大的四面佛道場。

　　彰化四面佛寺源起於民國 75 年（西元 1986 年）間，林逢永先生於至泰國旅遊時參拜四面佛而結緣，回國後生意蒸蒸日上，後來在民國 78 年（西元 1989 年）發願建廟，召集了工商及教育界人士共同募款，翌年 7 月 8 日完成四面佛安座，是一處泰式風格的四面佛寺。

　　當時林逢永對四面佛許下了 3 個願望：「人身在外，佑我平安到家。」、「佑我家庭平安，生意興隆，事業成功。」、「3 年後我會再回來還願。」回到台灣後，他的蚵仔麵線生意大好，遠超過他的想像。不久後，買下了破舊房子開始經營海鮮餐廳，生意也做得有聲有

色。於是他回到泰國還願，也請回一尊金身供於店內，餐廳的規模也越做越大。

他深感所有的成就都是四面佛的幫助，所以興起了建四面佛寺的想法。但是尋找廟地、籌措資金等事談何容易！憑著堅強的信念，又陸續得到地方熱心人士及專家學者的支持，終於順利募得資金動工建廟。而林逢永在台灣建四面佛大廟的消息也傳到泰國，獲得泰國政府的支持，所以特許分靈一尊高 7 尺 2 寸（約 218 公分）、重 1.3 公噸的四面佛來台。泰國旅遊局處長及駐台代表特別前來參觀，泰國媒體也隨團採訪。翌年的四面佛安座大典，也特許泰國皇家佛教會主教與婆羅門主教前來為四面佛像安座開光，命名為「泰京四面佛寺」，民國 86 年（西元 1997 年）合法登記為「彰化四面佛寺」。

佛寺佔地約 2 公頃，全區就像是一座大型的泰式景觀公園。園區內規劃有開基四面佛、金佛殿、十二生肖主神殿、招財女神廟、文物館及禪修中心等。是一處結合信仰與休閒的宗教園區。

拜四面佛切記務必還願

關於四面佛的靈驗與傳說不少，慕名前去膜拜而開運的事蹟也時有所聞。但其中最重要的是，向四面佛許願時，一定要說明如何酬神。據彰化四面佛寺的說明，小願望達成可以七色花束或小木象表達謝意，大願望達成時可以捐贈大型的木雕大象，因為大象是四面佛的使者與護法。當然，泰式的酬神舞也能表示誠心的感謝。廟方特別強調，許願並說明願成如何酬謝者，當願望達成後一定要盡快酬謝，否則，大梵天王可是會用各種方式來提醒你。

四面佛的 4 個面向，代表 4 種不同的意義，但四面都源自一個佛身，所以拜拜時仍應以正面為主，然後再到自己特別需要的願望的佛面，再重覆禱詞。四面佛的 4 個佛面各代表不同的願望，第一面求功

↑求財運的象祖財神　　　　　　　　↑四面佛寺的泰式護法神

名、事業；第二面祈家庭、婚姻；第三面盼利祿、富貴；第四面保平安、福慧。

　　四面佛名為「大梵天王」，是婆羅門教、印度教與佛教共通的神祇。佛經中記載大梵天王（Mahabrahman），音譯為：「摩訶婆羅賀摩」，意為「清靜」。是色界初禪天之主宰，與其侍衛「梵輔天」、部屬「梵眾天」，統治色界初禪三天。佛教視為護法神，但婆羅門教與印度教則視為創造神。泰國的傳說是：「安達目浦」神在創造世界之初，先創造了水，然後將植物播種在水中，但植物卻生出一個金蛋，金蛋裂開後，大梵天王從中而生。而上半個蛋殼上升成了天空，下半個蛋殼下降成了大地。而後大梵天王又自己分成男性和女性，生下了大自在天王、韋力王、目努薩哇珍蒲王（人類的始祖），從此以後人類繁衍不息。

四面佛「大梵天王」具有四面、八耳、八臂，除了４面代表不同意義外，八臂所執之法器也象徵不同的意義。令旗代表法力無邊、佛經代表無上智慧、法螺代表賜福予眾生、念珠代表六道輪迴、明輪代表降魔消災、權杖代表至高成就、甘露瓶代表有求必應、手印代表庇佑眾生。

崇拜四面佛的人認為，大梵天王是充滿慈悲、仁愛、博愛、公正的神祇，佛教稱為四梵行，也象徵四無量心—慈、悲、喜、捨。所以，大梵天王能賜福給天界諸神與天下眾生。

開運祈福小秘訣

向四面佛許願，宜清楚說明許願內容和還願方式。祈禱詞可參考：「弟子○○○，謹以萬分至誠，向天界至尊大梵天王座下，奉獻各種供品，願天王聖意順遂，祈望保佑○○○（事業、平安、家庭等心願），如願達成，弟子○○○願奉獻（小木象或其他），以表至誠感謝。」許願與還願的地點，都應在四面佛道場，如不回到原來許願道場，也應誠懇說明。還願的時間要越快越好，避免四面佛來通知你。

旅遊小建議

到彰化四面佛寺可以順遊八卦山風景區，區內的天空步道是熱門的拍照景點，八卦山大佛也是歷史名景，周遭也重新規劃為宗教園區，大佛寺１樓供奉孔子先師，２樓供奉關聖帝君、孚佑帝君、天上聖母等諸神明，３樓為大雄寶殿，供奉釋迦牟尼佛及三寶佛等。此外，也可以往東順遊至台中霧峰，亞洲大學的校園和現代美術館，也是不錯的觀光景點。

楊梅白蛇廟

地址：桃園市楊梅區楊新路二段 290 號
電話：(03) 485-0426
網站：http://wst.myweb.hinet.net

↑ 白蛇廟

↑ 白娘娘

　　桃園市楊梅區有座全台唯一的白蛇廟，供奉少見的神明「白娘娘」（白素貞），廟中的白蛇經過數代繁衍，目前約有 160 隻。

　　民國 81 年（西元 1992 年）白蛇廟創建人羅欽師，因友人託付一尾母白蛇，後又從南台灣得到一尾公白蛇。此後，母蛇每年都在端午節前後產卵。後來，有位修道高人告訴他，這尾母白蛇是白娘娘（白素貞）的使者，白娘娘也數次顯靈，為親友解決疑難。白娘娘以白蛇濟世的事蹟逐漸傳開，登門請求消災解厄的人也越來越多，於是白娘娘指示可以建廟普濟眾生。民國 91 年（西元 2002 年）5 月，白蛇廟在楊梅完工、入火安座。

一般人對於白娘娘的認識，多來自於《白蛇傳》的電影或電視劇，白素貞怒引大水、水淹金山寺，但最後仍不敵法海和尚，被鎮壓在雷峰塔下。其實，《白蛇傳》的版本很多，最早可追溯至宋朝。但是對於白娘娘前世、今生，記述較為清楚的版本為清代的《白蛇全傳》。其中記載白娘娘是東海龍王精氣所化，在峨嵋山吸收日月精華，辛巳年2月12日（辛巳日）巳時化做白蛇降世。因辛屬金，體象純白，辛亦屬陰，故為女身；而巳為十二地支中屬蛇，故降世為白蛇。

白蛇修煉百年，又得到蛤蟆精的內丹而增加500年修為。後拜蕊芝仙子（西王母或稱西池金慈聖母的弟子）為師，傳授她移山倒海、降妖伏魔等各種法術，並派她到西池「桃園」工作。後來西王母與驪山老母遊歷十洲三島後返回西池「桃園」，看見白素貞後告知她，「前世曾得到善人相救，才免死劫。等到清明節時，妳看飛來峰石畔，見此人在萬人叢中，要算他最長的，就是妳的救命恩人。等妳報恩後功果圓滿，才可脫殼登仙。」

後來的故事就是白素貞在西湖畔與恩人許仙相遇，但卻避免不了法海和尚的糾纏，最終展開鬥法，敗陣後被鎮壓於雷峰塔下。牠的靈魄再幻化成瑤台老母娘的坐騎，從此陪伴瑤台老母渡化眾生。

白蛇廟三寶為民眾開運

白蛇廟屬於江西龍虎山嗣漢天師府道統，以瑤台老母娘鎮殿，奉白娘娘為主神，並同祀三清道祖、關聖帝君、張天師、觀音菩薩、驪山老母、天聖聖母、地母娘娘及九天玄女等。

因為白娘娘為辛巳年辛巳日降世，辛屬金、白色，象徵財運，所以白娘娘也有財神的特質。白蛇廟中有三件法寶可幫助開運，一是白娘娘使者「小白龍」，可請廟方以「小白龍」（白蛇）披身，來祈求元辰光彩、財運亨通。二是「世界最大羅經盤」（經金氏世界紀錄認

證），可向神明稟報姓名、出生年月日、住址等，然後繞走三圈，可調整磁場，招各方貴人。此羅經盤將十二生肖及時辰轉為八卦，意即將以天干、地支記年月日時的曆法，轉成八卦經盤來化解沖煞。而白蛇廟所宗的法門也結合奇門遁甲之學，日日都有「正經時」，可用來做必須要做的事，而免掉沖煞；每個時辰也有一刻鐘（15分鐘）可用，非常玄奇！三是「白娘娘龍珠」，以雙手貼上龍珠，這顆重達1,200斤的白水晶，有極強的磁場和正能量。

↑蛇廟正殿主祀瑤台老母與白娘娘

　　此外，白蛇蛻下的「龍衣」也被視為吉祥招財的寶物，但必須連續擲出3聖筊，才可請回。可擺放在家中吉位，迎福納財。每年的端午節（農曆5月5日）白娘娘聖誕時，可將「龍衣」、神像、招財符等帶回廟中過爐加持。

↑ 招財符與平安符

↑ 白娘娘的白色龍珠　　　　↑ 與信眾結緣的龍衣

白蛇廟除了可以求「龍衣」外，也可求「招財福符」。一樣向神明
稟告姓名、生辰、地址等資料後，擲筊一個聖杯，就可以請廟中師
父幫忙開符。

旅遊小建議

桃園楊梅有知名的埔心牧場，很適合親子旅遊，可以餵養小牛，也
有多個主題公園可以親近自然。附近還有郭元益糕餅博物館，是寓
教於樂的觀光工廠。

台中外埔義虎堂

地址：台中市外埔區水頭一路 280 號

電話：(04) 2683-5908

↑義虎堂

↑正殿虎威王

　　虎爺，是許多神明的腳力或坐騎，像是土地公、玄壇元帥（武財神）、張天師或是保生大帝等，一般都做為神明的陪祀神。但虎爺咬錢賜財的形象已深植人心，和虎爺喚錢水也被認為是有速效的求財法門。

　　近來有越來越多的虎爺躍升主祀神，例如新莊虎爺宮主祀「天虎」、石碇伏虎宮的「伏虎大將軍」及外埔的「虎爺祖」等。這些虎爺也各有不同的出身，新莊的「天虎」受命於天（玉皇大帝），石碇「伏虎宮」的「伏虎大將軍」分香自四川峨嵋山伏虎寺，領有玉旨、印信，義虎堂的虎爺祖則是天庭的大將軍。

　　台中外埔地區是一片平地高原，先人稱此地有虎脈經過，而義虎

堂的所在地，舊稱「虎尾庄」，位於虎脈的尾端。義虎堂以虎威王坐鎮此虎脈風水，正如虎添翼，神威靈感更不可思議。

相傳，虎爺祖的信仰由來已久，昔日曾建有廟宇，但在甲后路開通時，原廟已經拆毀。一直到民國92年（西元2003年），創辦人陳進德、江希真夫婦有感於虎爺祖的靈驗，於是在民國94年（西元2005年）建廟奉祀，但初期僅做為「家廟」。後來虎爺祖指示，應該廣開大門、普濟四方，於是開始對外開放。由於虎爺祖的非常靈感，加上虎頭人身的威武形象不同於一般虎爺，讓各地信眾蜂湧而至，香火日益鼎盛。

民國101年（西元2012年），虎爺祖再度指示，原廟坐向為坐西朝東，應改為坐北朝南，並將廟基遷移30公尺。動土期間，意外在廟地中挖出「三腳金蟾」巨石，信眾認為這是虎爺祖有為民賜財之意。於是將此靈石置於廟埕，上面鐫刻「三腳金蟾，啣寶送財朝聖」，供信眾觸摸、招引財氣。

拜虎威王驅厄運開財運

義虎堂所供奉的「虎爺祖」，聖名「虎威王」，是玉皇大帝所轄三十二天宮中，第二天宮的南天直轄武靈天王。神像為虎頭人身，身披金光甲胄，手執如意，代表神威凜凜，能驅邪降魔；手執如意象徵能為民賜福、增添財運。

義虎堂的神殿以金黃色裝飾，在陽光下金光閃耀。廟方對於參拜的人也十分友善，拜拜用的線香、金紙、雞蛋等都可以自取，金額只要自行投入「香油箱」。

這裡也有多種求財開運妙法，像是求「鴻運發財金」。可先至服務台填寫疏文，然後誠心上香、稟陳，擲出3杯聖筊後，就可領取一張「開運錢母卡」和6個錢母。開運錢母卡可隨身攜帶，6個錢母則

↑黃金虎符

↑虎爺金

↑還願功德箱

用於生意或投資上，可讓你賺進更多的錢財。也可以「百寶箱」來補庫，填寫疏文、敬拜11柱香後，擲出3個聖筊就可請虎爺祖為你補庫。因為以雞蛋做為供品，所以廟方也特別製作「福氣蛋」來開智慧、轉運。可以自行在拜殿中取紅蛋、過香爐後，自己唸或請廟方協助念祝禱文，然後將紅蛋敲破、剝殼、吃下雞蛋。類似其他廟宇「脫殼」改運的做法，破殼代表重生，吃下福氣蛋可保健康、開智慧。

義虎堂結合廟宇與社區營造，規劃了「虎爺文化園區」，在義虎堂廟殿周圍，設計了優美的庭院造景，有林蔭步道、水池、瞭望台和「虎爺鋪子」等，「虎爺鋪子」是結合展覽與紀念品的商店，可以找到不少開運物與虎爺的文創商品。

廟旁邊種滿了萬壽菊，曾有信眾到此接觸了萬壽菊，意外治好憂鬱症的故事。廟方也特別用萬壽菊泡茶來供香客飲用，也做成供香、香包等與大眾結緣。

開運祈福小秘訣

義虎堂準備了小尊的虎威王金身與信眾結緣，全身金光閃閃的小神像，可以安放在車內、擺放辦公室或是供於家中財位。請回的方式也很簡單，只要向虎威王稟陳自己的背景資料，說明自己的願望，只要擲1次聖筊就可請回。

↑與信眾結緣的小尊虎威王

旅遊小建議

台中市外埔區臨近后里，附近有很熱門的拍照景點忘憂谷，稻作期間有一望無際的稻田美景；如果是休耕期間，還會灑上波斯菊等花種子，整片的花海十分賞心悅目。也可延伸旅程至后里，這裡有彩繪村、月眉觀光糖廠和知名的薩克斯風博物館。

PART 3
神明保庇你運勢暢旺

俗話説：「好運不怕命來磨。」台灣俗諺也説：「三年一閏，好歹照輪。」説明了人面對生活起伏，充滿了未知和擔憂。燒香拜佛最主要的目的在祈求神明庇佑，希望災難、厄運不臨身，好運速降臨。

諸路神明除災開運

人們對於天地、自然界力量的敬畏，反應在所崇祀的神明上。玉皇大帝是天地人三界的主宰，三官大帝主掌人間的善惡禍福，所以大廟多在頂樓設凌霄寶殿來供奉玉皇大帝和三官大帝。民間信仰中，天上聖母、關聖帝君、玄天上帝及觀世音菩薩等都是位階極高的神明，祂們神通廣大、法力無邊，民間也流傳許多祂們顯化、解救蒼生的故事。

此外，像是保生大帝、文昌帝君、孚佑帝君、司命真君、濟公禪師等，也都是庇佑功名、升遷、平安、健康的神明。而台灣中南部盛行的王爺信仰、五府千歲，也都被認為能掃除災厄、保佑平安，而且神通廣大的神明。

✱ 媽祖——台灣最受崇敬的女神

每年農曆 3 月起，台灣各地的媽祖廟便開始接續舉辦遶境或進香的活動。最早的媽祖遶境源起於分靈至台灣的媽祖，回到湄州祖廟進香。但日治時期，活動被禁止，兩岸交通中斷，媽祖遶境活動變成媽祖廟之間的交誼，或是分靈廟宇回到祖廟來進香。

台灣民間認為，神明遶境具有掃除妖邪、安定地方的功用。特別是早年交通不便，一般民眾前往大廟敬拜不易，能碰上神明遶境都視為大事，家家戶戶在路旁或門口擺香案，藉此來祈求神明保佑。有疑難不順的人，也會邀請神轎到家中，或是「鑽轎腳」來改運。

媽祖護佑台灣的事蹟，各地多有流傳。在此列舉最具代表性的「媽祖接炸彈」。屏東萬丹鄉萬惠宮記載：二次大戰期間，美軍在萬丹丟下炸彈，但飛行員看見一位少女用手接住炸彈，所以沒有爆炸。驚嚇之餘，轟炸機也失事墜毀。後來信眾發現媽祖斷了一根手指。另外彰化埤頭合興宮的媽祖也用手接炸彈，神像斷了食指。雲林北港朝天宮的媽祖則是騰空接住炸彈後，丟向河床。嘉義朴子配天宮的媽祖雖沒接炸彈，而是擋住了發射而來的子彈，保護躲在廟中的信眾。

　　在台灣信眾的心中，媽祖是無所不能的神明。媽祖廟也多是地方大廟，陪祀許多普祀神明，所以媽祖廟經常是民眾祈福開運的廟宇。

✱ 關聖帝君──軍警、商人、會計守護神

　　關聖帝君歷代顯聖，流傳的事蹟也不在少數。祂除了被尊為武聖，也是主管文運的朱衣神、三界伏魔大天尊、協天大帝，甚至民間還有說法為現職的玉皇大帝。

　　關聖帝君在台灣顯聖，最著名的例子就是鹽水蜂炮。清光緒11年（西元1885年），當時台南鹽水港流行霍亂瘟疫，期間長達25年。使得當地生意蕭條、人丁稀少。於是鹽水地區的商人、士紳和信眾就決議請當地武廟的主神關聖帝君出巡遶境，希望藉助神威來滅除瘟疫。時間就選定為關聖帝君飛昇日的元月13至15日，神轎所到之處，就大肆燃放鞭炮、煙火，空氣中彌漫硫磺硝煙，經過炮火洗禮後，疫情果然逐漸好轉。信眾認為這是關聖帝君顯聖，後來每年的元宵節都舉辦遶境活動，而燃放鞭炮除疫的傳統也演變成蜂炮的活動。

　　說明：神明故事請參閱〈寺廟常見奉祀神明〉章節，P037。

✳ 司命真君──審察一家善惡之神

司命真君全稱為「東廚司命九靈元王定福神君」，俗稱「灶君」、「灶王爺」、「司命真君」或「護宅天尊」等，鸞教信仰奉為恩主之一，是玉皇大帝派到人間考察一家善惡之神。

《三教搜神大全》記載，司命竈（灶）神姓張、名單，字子郭，面貌清秀像女人。如果依道經《上靈寶補謝灶王經》所記述，灶君神有五方五帝，有五夫人。其下還有各種灶神、童子，各司其職。灶君左右隨侍兩神，一捧「善罐」、一

↑ 嘉義南恩禪寺司命真君

捧「惡罐」，隨時將一家人的行為善惡記錄保存在罐中，在年終時總結之後，再向玉皇大帝報告。民間傳說農曆 12 月 24 日是灶君上奏天庭的日子，所以這一天家家戶戶都要送灶神，特別是準備甜湯圓、甜品，希望灶君能多說好話。

不同於民間傳說，清代《敬灶全書》中記載：「灶君受一家香火，保一家康泰。察一家善惡，奏一家功過。每奉庚申日，上奏玉帝，終月則算。功多者，三年之後，天必降之福壽；過多者，三年之後，天必降之災殃。」葛洪《抱朴子微旨》記載：「月晦之夜，灶神亦上天白人罪狀。大者奪紀。紀者，三百日也。小者奪算。算者，一百日也。」這兩段文字都是每月上奏，而且也說明 3 年之後必定降福或降禍，而葛洪則說明犯過者會減去壽命。

因為灶君也主掌一家福禍，又有通達天庭的權力。所以在「恩主

廟」中，見到司命真君，也可多請祂幫忙說好話，保佑平安。台灣也有主祀灶君的廟宇，宜蘭灶君廟和竹東灶君堂，香火都很鼎盛。

✱ 濟公禪師——最善解人意的神明

濟公應該是台灣民間信仰中，最親切、也最善解人意的神明了。這麼說的原因是祂狂放不羈的性格，不像一般神明那麼嚴肅、不好親近，加上祂經常降乩濟世，與民眾對談、解惑，所以是與信眾接觸最密切的神明了。

濟公禪師或稱濟公、濟公活佛、道濟和尚，是歷史上的真實人物。本名李修緣（或李修元），浙江台州人，生於南宋紹興18年（西元1148年），圓寂於南宋嘉定2年（西元1209年）。傳說祂的母親因吞下日光而懷了祂，而誕生之

↑金山財神廟濟公

時，天台山方廣寺的五百羅漢中的降龍羅漢正巧倒下，所以也稱祂是降龍羅漢轉世。出生之時，國清寺住持幫祂取名為李修緣。

少年的李修緣在赤城山就讀，又受到天台山佛教與道教的影響，從小就有出家的心願。18歲時父母辭世，就到國清寺出家，拜瞎堂慧遠為師，法名道濟。出家後的道濟和尚，言行舉止一反常態，不愛念經、也不愛禪坐，但是不掩其文學才華與深厚的佛學造詣。在傳承慧遠大師的法嗣後，祂就離開國清寺，最後落腳西湖靈隱寺。被尊為禪宗第五十祖、楊岐派第六祖。

濟公禪師既「濟」又「顛」，所以也被稱做「濟顛」。但是他擅長醫術，經常解救不治之症；深知民間疾苦、樂善好施；但又經常作弄為富不仁之人、懲強扶弱，所以深受民眾愛戴，民間尊稱濟公活佛。

　　濟公禪師是得道高僧，應該是無庸置疑的。民間最常引用祂的「酒肉穿腸過，佛祖心中留。」來為自己愛吃酒肉找藉口，其實下一句話才是重點：「世人若學我，如同入魔道。」淨土宗高僧印光大師就曾說：「濟公喝酒吃肉，是掩其聖人之德；故做顛狂，是不想讓人識其神通。」

　　濟公禪師得道後仍經常顯聖濟世，祂神通廣大又常救濟貧苦，自然是最受崇敬的神明之一。

✳ 五府千歲──代天巡狩護國佑民

↑嘉義南恩禪寺五府千歲

台灣南部的王爺信仰盛行，其中以五府千歲最為普遍，又以南鯤鯓代天府最為著名，被稱做祖廟。

　　廣義的王爺信仰，可以指的是受後世敬奉的武將英魂，領受玉皇大帝旨意，而降世濟世。另有一說法是，唐明皇開元年間，有新科進士360人，遭奸臣陷害關入地窖中，又要他們操練樂器。所以地窖常傳出音樂聲響，奸臣就奏明皇帝宮中有邪鬼，唐明皇召來張天師除妖。天師知道他們不是邪鬼，但聖命難違，就化符揮劍，進士們全部身亡。唐明皇事後了解真相後，深感懊悔，追封他們為王爵。所以，王爺共有360位，132姓。

　　而台灣最常見的五府千歲，分別是李、池、吳、朱、范五姓王爺。祂們在隋末戰亂時期結為義兄弟，並隨唐高祖李淵入關，滅隋建立唐朝。唐高祖武德5年（西元622年），5位千歲領兵平定廣州，返京途中又勦滅叛賊輔公佑。唐高祖嘉勉其功勞，賜與財寶、百名奴婢。5位千歲生性仁慈，將金銀分給奴婢們並要他們全部返鄉，此義行獲得天下讚揚，得道升天後，分別受玉皇大帝敕封為代天巡狩。

　　大王姓李，名大亮，是唐朝開國功臣，文武雙全、忠君愛國又體恤百姓。二王姓池，名夢彪，天資聰穎、性情剛直。三王姓吳，名孝寬，學問淵博、精通五術。四王姓朱，名叔裕，公正無私、執法嚴明。五王姓范，名承業，博古通今、精通醫術。因為五王各有不同性格，所以民間也流傳一句諺語：「大王好日子，二王好流水，三王好地理，四王好籤詩，五王好醫理。」意思是大王擅長擇日，二王擅長潮汐與氣象，三王擅長地理風水，四王擅長出籤詩指點迷津，五王專精醫藥。5位千歲各有不同專精，不僅受命巡授人間，也以不同專長來幫助黎民百姓。

✳ 斗姆元君、南斗、北斗星君——拜斗消災延壽

↑竹林山觀音寺斗姥元君與南、北斗星君

在許多大廟中，都設有太歲殿，中央神桌上，除了供奉值年太歲，也常安奉斗姆元君。殿中左、右偏殿，或是在凌霄寶殿的左、右神龕，也常供奉南斗與北斗星君。

斗姆元君或稱斗姥星君、斗姥、斗母，是神格極高的神明，是天皇勾陳大帝、紫微大帝和北斗七星之母。

據《太上玄靈斗姆大聖元君本命延生心經》中記載：斗姆元君沐浴在九曲華池中，從池中湧出白玉寶座，斗姆坐上寶座，涵養真氣、修練精魄，果然證得玄靈妙道，大放光明，遍照整座華池。自華池中生出含有 9 只花苞的金蓮，經過人間 7 個日夜，7 只花苞升上空中，

化成 9 座大寶樓閣，樓閣中的 9 股真氣，應化生成 9 位神靈。一是天皇勾陳大帝、二是紫微大帝、三是貪狼星、四是巨門星、五是祿存星、六是文曲星、七是廉貞星、八是武曲星、九是破君星。天皇、紫微二星位於北斗七星斗口，神光大如車輪，見者可得長生、位證真仙、永不輪轉。二星的餘暉化做左輔、右弼，統領玄黃真氣。7 位星君主掌陰陽、三界。

斗姆元君為北斗七星之母，民間常說：「南斗注生，北斗注死。」乍聽之下，北斗星君似乎不是那麼吉祥。其實應該這麼說：「北斗星君主消災、解厄，南斗星君主官祿與福壽。」

北斗有七星，南斗有六星。分別是天府星（司命星君）、天相星（司祿星君）、天梁星（延壽星君）、天同星（益算星君）、天樞星（度厄星君）及天機星（上生星君），統稱為南斗星君。

宋史記載：「高宗被金兵圍困時，聽見空中有車馬聲，仰望天空看見四頭八臂的斗姥天尊乘坐鸞轎，現出紫色金光，大施法術解救了高宗。」從此以後，民間對斗姥元君的崇祀開始流行，認為祂是能消災解厄、保命延壽之神。

台灣的廟宇也多以禮斗法會為信眾消災祈福，又稱「拜斗」，就是朝禮斗姥元君、南斗及北斗星君的法會，是開啟運勢、照亮本命元辰的儀式。

✳ 城隍尊神——獎善罰惡

↑ 台北惠濟宮城隍爺

　　城隍原是古代城池的守護神，城隍信仰約始於南北朝時期，唐代中期以後，各州郡廣建城隍廟，成為民間普祀的神明。明太祖朱元璋登基後，在洪武 2 年（西元 1369 年）大封城隍神，封京都（南京）城隍為「承天鑒國司民升福明靈王」，開封城隍為「顯聖王」、臨濠城隍為「貞祐王」、太平城隍為「英烈王」、和州城隍為「靈護王」、滁州城隍為「靈祐王」，並封一品王爵。其他各府城隍封為「鑒察司民城隍威靈公」，官級正二品；州城隍封為「鑒察司民城隍威靈侯」，官級正三品；縣城隍封為「鑒察司民城隍顯祐伯」，官級正四品。朱元璋也下令天下府、州、縣重建城隍廟，且規格要與官衙相同，於是

各地就有陰、陽兩位地方官。

城隍爺主掌陰籍，鑒察人間善惡來定禍福。所以民間只要碰上「陰」的怪事、怪病，也會找城隍爺幫忙。像是如果遇上遇上陰鬼索債、纏身，或是累世的因果導致不順遂，就找城隍爺調解，化解冤業。而市井小民，碰上不平之事，無力訴訟，也會找城隍爺申冤，請城隍爺主持公道，懲罰為非做歹之人。

所以，如果覺得自己時運不濟，或因欠陰債而有財無庫，也可找城隍爺做主，幫你化解。

說明：當然，能夠禳災賜福的神明還不只以上提到的這些，而且各地都有各自的地方守護神，也都能體恤民情，幫忙祛除災厄。

賜福滿願媽祖廟

　　天后媽祖是華人地區普遍的信仰，媽祖的故事與神蹟，自宋朝以後世代流傳。台灣的先民自閩南帶來了媽祖信仰，仰賴媽祖的庇佑，度過了拓墾時期的無助、戰亂時期的危難，屢次顯聖、屢受褒封，也因此廣受景仰而香火不墜。

　　全球供奉媽祖的廟宇超過 5,000 座，較大規模者約 1,500 座，台灣就有 510 座，全球的信眾估計超過 2 億人，台灣信眾約 1,400 萬人。台灣從北到南，靈驗又聲名遠傳的媽祖廟難以計數。民眾感念媽祖恩澤，為媽祖建立宏偉莊嚴的廟殿，媽祖也與廟殿中的眾神明，共同庇護尋求慰藉的冥冥眾生。

｜台北市關渡宮｜

地址：台北市北投區知行路 360 號

電話：(02) 2858-1281

官網：http://www.kuantu.org.tw

↑ 關渡宮

↑ 正殿

台北市關渡宮是北部最早建立的媽祖廟，供奉「干豆媽」。據《諸羅縣志》記載，關渡宮草創於清康熙 51 年（西元 1712 年），初稱天妃廟。清康熙 54 年（西元 1715 年）改建為木造瓦頂建築，當時的台灣府諸羅縣知縣周鍾瑄不遠千里自嘉義北上，為天妃廟題名「靈山」，還將後山及臨台北湖的埔地數十甲，授予住持招佃收租。

　　清康熙 58 年（西元 1719 年）因淡水河位下降，將廟向下遷移至山腰。清乾隆 47 年（西元 1782 年）以廟方位不正進行大規模重建，而此次捐建者來自福建、廣東和台灣當地的平埔族，可見當時天妃廟已成北投地區的信仰中心。後來在清嘉慶和道光年間，也有修建紀錄。一直到清光緒 20 年（西元 1894 年），因廟裡僧人參與抗日活動而遭到報復，日軍放火燒毀了大半部的廟宇。幸好當時有八里的高姓村民前來搶救，將媽祖神像藏於觀音山才得以保存。

　　日治時期明治 30 年（西元 1897 年），鄉民再度發起重建，但籌資困難，歷經艱辛才得以完工，落成後改名「關渡宮」。

　　二次戰後，關渡宮歷經戰亂已殘破不堪，歷經 8 年的重建工程，於民國 46 年（西元 1957 年）完工，成為前後二殿及兩側廂房的廟宇。民國 53 年（西元 1964 年）因為淡水河口排水不易，經常造成大雨積水，為解決水患，關渡宮所在的象鼻山被剷平。此時，信眾推舉黃平為理事長主持重建。重建的藍圖以北港朝天宮做參考，除了挑高正殿，也新設左右兩側的觀音殿與文昌殿；後殿改建為 3 層樓建築，頂樓設凌霄寶殿，並在後山開闢「靈山公園」，工程於民國 59 年（西元 1970）完工。

　　關渡媽（干豆媽）的顯聖傳說很多，最常被提及的是二戰期間以裙襬接炸彈。傳說日治時代末期日軍在關渡宮前的中港河建水上機場，附近建有彈藥庫等設施，所以成為美軍轟炸目標。在一次轟炸行動中，出現一位古裝女子，以裙襬接炸彈並拋向河中，傳為媽祖神蹟，事後也發現媽祖的神衣下襬有焦黑的痕跡。

此外，關渡二媽在日軍燒毀關渡宮時，顯聖而毫髮無傷。相傳二媽十分靈驗，所以外縣市的信眾也經常邀請二媽去做客，最遠曾到過宜蘭和新竹。而關渡二媽坐火車也傳出神蹟，因為早年關渡二媽到遠地都搭火車，有一次要搭火車去宜蘭，站務人員以貨物來秤重，卻怎麼也秤不出重量，不僅不必買票，也讓信眾嘖嘖稱奇。

作工精細堪稱文化藝術殿堂

關渡宮不只媽祖靈驗，以防空洞改建的古佛洞與財神洞，也讓關渡宮更顯神氣與財氣。民國 60 年（西元 1971 年）完工的古佛洞，入口有一座「鎮洞寶臼」，上刻文字：「甲辰年間，渡拓寬時，河底發現寶臼，經為本宮鎮洞之寶。」寶臼凹槽還擺放一顆雕刻金錢與吉祥圖案的寶珠，是設計巧妙的開運寶器。洞中以《華嚴經》觀世音菩薩顯化的故事來裝飾牆面，兩側石室內安奉觀世音菩薩二十八部眾（28 位護法），洞底供奉千手千眼觀世音菩薩，高約 3 公尺，法相莊嚴，以千手千眼觀照眾生。

↑關渡宮財神洞金光熠熠，供奉各路財神

↑古佛洞入口

↑財神洞出口福德正神　　↑古佛洞觀音殿

　　財神洞於民國 70 年（西元 1981 年）開鑿、73 年完工，洞底面向淡水河，可眺望對岸觀音山美景。財神洞起點為天官財神，廳堂內的牆面都是精彩的故事雕刻，雕工精細，兩側石室中供奉了萬山財神、季倫財神、文比財神和武明財神，神像都以金漆塗身，財氣十足。出口處是福德正殿，兩側石室也供奉了招財、進寶童子。這尊土地公也很華麗、貴氣，很多人都在此祈求土地公庇佑。

　　值得一提的是，關渡宮雖然歷經多次的改建與增建，但仍保留不少文物，也新增許多精緻的木雕、石雕、剪黏或交趾陶等，呈現出大廟的恢宏氣勢。古老的石雕包括三川殿中清乾隆 48 年（西元 1783 年）的龍柱、清道光 3 年（西元 1823 年）的螭虎石雕窗與麒麟石堵，正殿前方及古佛洞底的石柱是清乾隆 47 年（西元 1782 年）留下的。關渡宮的木雕藝術也讓人嘆為觀止，正殿和三川殿的藻井和斗拱、雀替，雕工細緻，樣式多變；新建後殿的神龕，也是不可多得的精巧工藝，令人讚嘆！

　　參拜過關渡宮的各個廟殿後，還可以到後山的靈山公園走走，從這裡可以俯瞰關渡宮和遠方的河岸。在凌霄寶殿正後方，可以找到開

山的石碑。臨走前也不要錯過新設的媽祖神蹟牆，牆上以石刻和文字說明關渡宮的沿革及媽祖降生和顯聖的故事，十分精彩。

關渡宮有許多神殿，參拜的順序是先拜1樓正殿，共4個神龕，再到正殿虎側的延平郡王三將軍殿，然後進入財神洞，於出口處敬拜福德正神。然後回到後殿，從6樓、5樓、3樓依序參拜。後殿1樓龍側為古佛洞入口處，從此進入到千手千眼觀世音菩薩神殿上香，回到出口後，再參拜功德堂。

關渡宮前方為關渡水岸公園，可以體驗紅樹林生態景觀。河岸旁為自行車棧道，向北騎可通往淡水，路程約8公里。淡水就有不少旅遊景點可以安排，像是老街、紅毛城，或是到漁人碼頭。如果不想走太遠，關渡宮旁有「關渡古早街坊」，有各種小吃和小賣店，可以在此用餐、休息。

↑關渡宮河濱自行車道

｜板橋慈惠宮｜

地址：新北市板橋區府中路 81 號

電話：(02) 2965-0014

網址：http://www.cihuimazu.org.tw/

↑板橋慈惠宮正殿媽祖　　↑慈惠宮三川門

　　板橋舊稱「擺接堡」，清乾隆 15 年（西元 1750 年）有福建漳浦人林成祖召集親族來此開墾。後來有唐山和尚自湄洲迎來軟身媽祖一尊，雲遊至擺接堡，當地的漳浦同鄉知道後，就集合了七十二賢士請求留下媽祖神駕，並募資成立「天上聖母金浦會」，建小廟奉祀。

　　因為媽祖照護墾民屢有神蹟，所以香火日盛。不僅廟宇太過狹小不敷使用，舊廟也經風雨摧殘而有重建之議。清同治 12 年（西元 1873 年），林國芳之子林維源主持重建，奠定了慈惠宮的基礎，現在慈惠宮中仍留有林本源家族所敬獻的龍柱。

　　板橋慈惠宮與新莊慈祐宮有歷史上的淵源，也與林本源家族平息

漳泉爭鬥的事件有關。清咸豐 10 年（西元 1860 年），在新莊與板橋的漳泉械鬥後，林國芳為了弭平雙方恩怨，便從慈祐宮分靈「二媽」至板橋供奉，以此表示兩地友好，也淡化兩邊的隔閡。但是當時慈惠宮仍未重建完成，於是暫安奉於接雲寺。等到新廟完工後，「二媽」才移入慈惠宮。兩座媽祖廟從此隔著大漢溪對望，象徵兩地從此和平共處。

清光緒 17 年（西元 1891 年）慈惠宮升高了廟殿高度，清光緒 21 年（西元 1895 年）又因大雷導致廟牆崩塌再度整修。現今 3 層樓的廟宇則為民國 64 年（西元 1975 年）配合都市更新計畫而規劃整建，歷時 10 年，於民國 73 年完工。傳說郭台銘小時候就住在慈惠宮的小廂房，後來慈惠宮擴建，地理師指出廂房的位置正是財位，於是在擴建時就規劃為五路財神殿。

首富發跡的媽祖廟

↑慈惠宮財神殿供奉五路財神　　　　↑慈惠宮才光明佛

慈惠宮的歷史，加入了林維源和郭台銘兩位不同時代首富的故事，讓民眾更加敬仰慈惠宮媽祖，認為祂最能夠賜財！再看看正殿前兩尊戴官帽的千里眼、順風耳將軍，祂們不拿兵器，而是手捧元寶，像是幫著媽祖廣開財庫。而正殿左偏殿正是郭董小時候住的財位，主祀五路財神和文財神，坐財位的財神，財氣也特別強烈。

後殿的 3 樓為天公殿，主祀玉皇大帝，陪祀南斗與北斗星君。2 樓共有五殿，三界公殿主祀三官大帝，陪祀才光明佛與註生娘娘。才光明佛是一般廟宇中少見的神明，祂是《八十八佛洪名寶懺》中的第一佛，象徵辯才無礙，所以主持人、法官、律師、民意代表等常來敬拜。2 樓的虎爺殿也很特別，設一山洞型的神龕，供奉不同類型的虎將軍。

後殿 1 樓的「圓通寶殿」主祀千手觀音，陪祀魁斗星君與月下老人，也是最後歡迎的神殿。千手觀音可以滿心所願，魁斗星君保佑考試順利，月下老人則幫未婚男女牽紅線。

開運祈福小秘訣

慈惠宮的參拜動線與一般廟宇有很大的不同，請自行參考廟方所設立的指示牌。慈惠宮的安太歲非常受到推崇，因為這裡每月初一、十五，都誦經禮懺、呈稟疏文，可以常保一年的平安。

旅遊小建議

板橋是新北市的交通樞紐、也是行政中心。板橋車站周邊有許多購物中心和百貨公司，其中有不少知名餐廳，在此就不一一列舉。慈惠宮周邊最知名的景點就是林本源園邸，是一座精巧又富有深度的中式庭園，建議一定要參加導覽，會有更深刻的學習與體驗。晚上如果要品嘗傳統小吃，湳雅觀光夜市是不錯的地點。

｜竹南后厝龍鳳宮｜

地址：苗栗縣竹南鎮龍鳳里龍安街 69 號

電話：(03) 746-4620

官網：http://www.chunan-great-mazu.org.tw

↑ 3 樓頂大媽祖

↑ 鎮殿媽祖與開路先鋒媽

　　在國道 3 號的竹南交流道附近，就可以看見竹南后厝龍鳳宮的「大媽祖」，這座東南亞最高的媽祖坐像，高度有 136 尺（約 41 公尺）。竹南后厝龍鳳宮俗稱「後厝仔媽」，據廟誌沿革記載，於明永曆 15 年（西元 1661 年）追隨鄭成功來台的先鋒將軍楊祖（另一說為輔義將軍倪總趕），帶來湄州媽祖神像，於龍鳳港附近登陸後，在海邊建小祠供軍民奉祀。

　　後來移民日增，漸成聚落。原有小祠難以抵擋海風侵蝕，於是遷廟至後厝仔與山寮交界（今龍鳳里 5 鄰）。清道光 14 至 16 年（西元 1834 至 1836 年），媽祖指示遷廟重建。在地方士紳號召下，由陳姓

墾主捐地，地理師占卜廟址為「迴龍顧主，鳳頸之上」的靈穴，清道光 28 年（西元 1848 年）完工。

清光緒 9 至 11 年（西元 1883 至 1885 年）因舊廟已不敷使用，由新竹名門鄭如蘭與本地士紳等數人發起擴建。鄭如蘭敬獻「與天同功」匾，目前仍懸掛於廟中。日治昭和 5 至 9 年（西元 1930 至 1934 年）再次修建。日治昭和 14 年（西元 1939 年）因日本政府大舉廢除台灣傳統信仰，鎮殿媽祖（二媽）遂移往獅頭山勸化堂安奉，其餘神像則由董事方錦祥、崎頂保正林巖及其他人士緊急收藏，所有神像才得以保全。

二次戰後，民國 43 年（西元 1954 年）及 55 年（西元 1966 年）曾進行修建與擴建。民國 70 年（西元 1981 年）由主任委員陳錫坤等人發起，號召竹南、香山、造橋、後龍、頭份等 53 庄信眾籌資，又得到全國信眾響應，順利完成後殿及建設湄洲天上聖母寶像，成為全台最知名的媽祖廟之一。

屢傳神蹟的后厝仔媽及三媽

後厝仔媽自從建廟後，一直是附近 53 庄的信仰中心，靈驗事蹟不斷，信眾也遍及全台。像是戴潮春事件（台灣清治時期三大民變之一，起因為官府鎮壓天地會引發的起義行動）時，幸有媽祖庇佑而未造成傷害。為感謝神恩，總理陳紹熙發起修建，於清同治 10 年（西元 1871 年）獻上「惠我無疆」匾額，也是廟中珍貴的歷史文物。另外在日治昭和 10 年（西元 1935 年），台灣中部發生大地震，附近災情慘重，唯有竹南地區受災極小，信眾感念媽祖保佑，獻「恩同覆載」匾額。

龍鳳宮後殿 1 樓為五路財神殿，五路財神殿後方為太歲星君殿。民國 94 年（西元 2005 年）1 月盛大舉行開光安座，同年 10 月，廟方人員竟發現武財神玄壇元帥、利市仙官、文昌帝君及太歲殿中共有 9

尊神像的鬍鬚均有增長現象，長度由 10 公分至 3、40 公分不等。消息一出，信眾傳為神蹟，也吸引大批媒體前來採訪。

↑ 清同治 10 年（西元 1871 年）陳紹熙獻匾

　　龍鳳宮還有一尊在地人熟知的「開路先鋒媽」，祂是清末時期頭份后庄人，俗名羅珠娘，自佑聰慧、信神禮佛，26 歲即得道升天。後來經常顯聖助人，又在清光緒 8 年（西元 1883 年）發生大地震之前，警告居民 10 月 29 日不要待在家中，可保平安。庄民感念祂的恩德，於是由庄長向媽祖扣求 8 個聖筊，再設壇齋戒 15 天，由道長向玉皇大帝陳表功蹟，經由玉皇大帝敕封為「代天巡狩護國佑民慈靈普應順贊聖母」，信眾俗稱三聖母或三媽。三媽腳程極快，神轎總是做為遶境隊伍的先鋒，就算是涉水過溪，也像是蜻蜓點水，快速通過，所以稱「開路先鋒媽」。三媽又有「落腳媽」之稱，因為只要神駕降臨，神像左腳就會脫落，一直要等到退駕後，左腳才接得回去。

↑龍鳳宮財神殿許願池

五路財神殿前有一座麒麟吐水、金蟾啣寶的聚寶許願池，誠心向財神祈求後，將錢母投入池中，即可讓三足金蟾為你吞寶吐錢。許願持後有一大型元寶，以雙手順勢抓回胸前，然後放入口袋，可以把財氣帶回家。殿後的太歲星君殿中央還有一座轉運石，向白玉媽祖祈願後，以順時鐘方向轉動圓石，可接引磁場，也轉動自己的運勢。

旅遊小建議

竹南是連接新竹、頭份、後龍的小鎮，龍鳳宮附近有龍鳳觀光漁港可以賞景，也設有步道與自行車道。漁港內有賣小吃的攤販，周邊還有不少物美價廉的餐廳，可以品嘗道地的在地海鮮。如果要延伸旅程，可以往頭份方向到南庄，這裡有溫泉、老街和許多觀光農場，是很熱門的景區。

｜台中樂成宮｜

地址：台中市東區旱溪街 48 號

電話：(04) 2211-1928

官網：http://www.lech.org.tw/

↑台中樂成宮

↑正殿媽祖

　　台中樂成宮，供奉「旱溪媽祖」。除了保留有漳派大師陳應彬的木作工藝，而被列為國家三級古蹟，「旱溪媽祖繞境 18 庄」也被列為台中市無形文化資產。

　　台中樂成宮源起於清朝乾隆初期，當時有林氏 15 世先祖渡海來台拓墾，為求平安及開墾順利，就恭迎湄州天后宮「老二媽」金身一起來台。一行人登陸後，途經烏溪、大里，來到旱溪時暫做休息，正準備要離開時，媽祖神像卻有如千斤重，於是擲筊請示，原來是媽祖要留在此地安奉。

　　因為墾民日多，開墾日漸有成，此地逐漸發展成街市。清乾隆 55

年（西元 1790 年）庄民籌資、倡議建廟。清道光 12 年（西元 1832 年）間編集的《彰化縣誌》就記載，彰化縣內有媽祖廟 21 座，其一位於旱溪庄。

日治大正 10 年（西元 1921 年），歷經百年風霜的樂成宮已顯得破損，加上在地人口日多，信眾日益增加，舊廟有重建的必要。於是旱溪庄保正林源泉、張昧、賴為堯 3 人倡議重建，並號召林氏後代的林大發等士紳共同推動。在募得重建經費後，請來當時已有名氣的漳派匠師陳應彬主持。這次重建與擴建的規模很大、工程艱鉅，前後耗時 7 年，至日治昭和 4 年（西元 1929 年）才全部完工。

樂成宮的廟簷及三川殿是台灣廟宇建築的瑰寶，陳應彬以擅長的「升庵假四垂」來突顯廟門的雄偉。這種不同於歇山式的廟頂，成為台灣廟宇的典範。所謂的「升庵假四垂」是指將兩座屋頂上下重疊，在原屋頂上再加蓋一座較小的屋頂，這是「升庵」；「假四垂」是指上層屋頂被下層的屋脊切成前後兩面，形成不完整的四垂頂。台灣匠師後來將這種形式也稱為「斷簷升箭口」，後來成為台灣廟宇常用的形式。

↑ 名匠陳應彬所獻柱聯

樂成宮的三川殿、過水廊、正殿與拜殿間的木作工藝，也出自陳應彬與徒弟黃龜理之手，精巧絕妙，是台灣廟宇建築中的經典。此外，樂成宮也保存有不少歷史文物，像是中門前清道光 6 年（西元 1826 年）的石獅、清光緒 30 年（西元 1904 年）由清末最後一位狀元黃

春霖所題的「法雨宏施」獻匾等。因為樂成宮保存完整，所以也在民國 74 年（西元 1985 年）公告為三級古蹟。

百年傳統——旱溪媽祖遶境 18 庄

樂成宮的媽祖也傳有不少神蹟，像是「老二媽」在旱溪顯靈，沉重有如千斤，不願離開而駐駕濟世。在重建之際，日治大正 13 年（西元 1924 年）大殿完工後，樂成宮曾率眾前往湄州天后宮進香，羅盤卻在中途損壞，又遇上暴雨襲擊，最後仍轉危為安，信眾們相信絕對是媽祖的庇佑。

此外，在清道光初年，台中大屯地區的稻作發生「烏龜仔」（鐵甲蟲）的病蟲害，災情逐漸蔓延、日益嚴重。於是當地民眾就到樂成宮恭請「旱溪媽」前往遶境，自農曆三月初一從烏日開始出巡，忽然烏雲密佈、降下大雨，大雨沖走了「烏龜仔」，災情得到緩解。後來媽祖神轎所到之處，蟲害都逐漸消弭，民眾深深感受到媽祖的神威，從此後就有「旱溪媽祖遶境十八庄」的傳統。這項遶境活動，時間長達 20 天左右，一直到媽祖聖誕廿三日前結束，已維持了 100 多年的傳統，也在民國 97 年（西元 2008 年）公告為台中市無形文化資產。但這項民俗文化傳統在民國 107 年（西元 2018 年）在地方上開始有了歧異，「大屯十八庄遶境」「頭庄」的烏日「下哩仔庄」也邀集十多間廟宇，舉辦十八庄遶境活動，而有了「鬧雙胞」的說法，雙方各有立場與歷史解讀。

除了靈驗無比的媽祖外，樂成宮也供奉五路財神、文昌帝君、華陀先師及月老星君等，涵蓋了信眾對財運、學運、健康及姻緣需求的諸位神明。特別是樂成宮的月老星君特別有名氣，牽成的婚姻不可計數，是台灣最靈驗的月老之一。

不論是求財或是求姻緣，到廟中切記一定要先敬拜天公爐與主祀神明。向媽祖稟明自己來此參拜的誠心，祈求媽祖保佑平安、健康、事業順利。再到財神殿、月老殿等祈求財運或姻緣。拜財神可以購買附有疏文的發財金紙財，在向財神祝禱後，可以摸摸供桌上的元寶、貔貅，為自己增添財氣！

↑ 月老殿

樂成宮旁為台中市新開發的「東光綠園道」，全長約 3.4 公里，很適合騎自行車漫遊，車道中還規劃有 12 生肖廣場、太極廣場、象棋廣場和忠明廣場等。也可延伸行程至台中火車站周邊，搭配台中文創園區、打卡熱點「宮原眼科」，入夜後到柳川水岸公園散步。

| 北港朝天宮 |

地址：雲林縣北港鎮中山路 178 號
電話：(05) 783-2055、783-0535
官網：http://www.matsu.org.tw

↑北港朝天宮

↑內殿媽祖

　　北港朝天宮是台灣最早建立的媽祖廟之一，廟方記載源於清康熙
32 年（西元 1694 年）。當時有佛教臨濟宗第 34 代樹璧禪師奉湄州天
后宮媽祖來台，在笨港登陸。當時笨港舟楫往來、貿易頻繁，來台謀
生的先民，便請求樹璧禪師留下媽祖香火、主持廟務。

　　清康熙 39 年（西元 1700 年），笨港信眾倡議為媽祖建廟，當時
有墾業大戶陳立勳，感念媽祖福澤，遂捐廟地、建小祠，成為在地的
媽祖信仰中心。清雍正 8 年（西元 1730 年）改建為瓦頂小廟。因為媽
祖神靈顯赫，所以當時的諸羅縣令馮盡善便准許樹璧和尚設義渡服務
商旅，並以所得的香油錢做為廟宇的資金。

樹璧和尚圓寂後由弟子能澤繼任住持。清乾隆39年（西元1774年）笨港縣丞薛肇熿景仰能澤和尚才學，也認為必須建大廟才足以彰顯媽祖的神靈，於是與貢生陳瑞玉、監生王希明、蔡大成等人商議，並率先捐出薪俸倡議重建。此舉也獲得在地士紳及商戶的響應，募集足夠資金後，建成六間式的廟宇，正殿供奉媽祖，後殿奉祀觀音佛祖。薛肇熿也撰文立碑做為紀念。（「重修諸羅縣笨港北港天后宮碑記」現存於聖父母殿前庭）

↑清咸豐2年（西元1852年）石獅

清嘉慶2年（西元1797年），朝天宮設義渡收取香油錢已達數百兩，當時的住持浣衷和尚原意要做為重建之用。但當年台灣遭逢前所未有的風災，笨港受災嚴重。於是把重建資金拿來賑災，重建之事就一直延宕到清嘉慶5年（西元1800年）才開始動工。

無奈清嘉慶9年（西元1804年）起，台灣近海受海盜蔡牽侵擾，笨港附近又有山賊趁勢作亂，導致百業蕭條。戰禍直到清嘉慶14年（西元1808年）才結束，朝天宮也受亂事波及，再次進行修建。

清道光17年（西元1837年），因廟宇老舊剝蝕，住持瑞合和尚對外募款重修。當時得到福建水師提督王得祿捐款支持，他也敬獻「海天靈貺」匾、直徑95公分大鼓及直徑78公分銅鐘。清道光19年（西元1839年），王得祿以媽祖庇佑平定海亂，奏請朝廷誥封。朝廷也賜御書匾額，並加封詔誥，封「護國庇民、妙靈招應、弘仁普濟天上聖母」，並賜春秋祭祀，行三跪九叩禮；並賜聖父母配享後宮。清咸豐

5年（西元 1855 年）嘉義縣訓導蔡如璋與王得祿之子王朝綸，共議重修各殿，並增建後殿配祀聖父母、神兄靈應仙官及神姊慈惠夫人。

　　清光緒 12 年（西元 1886 年），嘉義西門街迎請朝天宮媽祖前往參加廟會。當年嘉義大旱，久祈不雨。於是嘉義縣令羅建祥齋戒 3 日，親自向媽祖祈求，登壇後不久就下起大雨，民眾都稱神蹟。此事也奏請朝廷，奉御筆賜「慈雲灑潤」匾。

↑王得祿獻匾

↑王得祿獻銅鐘

　　日治時期，在台的官員對朝天宮均十分敬重。民國 3 年（大正 3 年，西元 1914 年）第五任台灣總督佐久間左馬太敬獻「享于克誠」匾，民國 19 年（昭和 4 年，西元 1930 年）第 13 任台灣總督石塚英藏敬獻「神恩浩蕩」匾。

　　二次大戰結束後，朝天宮陸續進行多次整修。時至今日，朝天雖然歷經 3 百多年的演變，仍一直受到各界的尊崇與敬祀，廟中的獻匾及珍貴文物也成為北港、甚至是台灣歷史發展的重要史料。

台灣傳統信仰的歷史寶庫

朝天宮共有 8 殿、7 個香爐，參拜的順序為媽祖正殿→觀音佛祖殿→三官殿→聖父母殿→文昌殿→福德正神殿→註生娘娘殿。

北港媽的靈驗，在前面的歷史介紹中已略有說明，北港媽祖不僅協助王得祿大敗海盜蔡牽，也幫助嘉義解決大旱。兩次的事蹟都上奏清朝廷，也得到道光、光緒兩位皇帝御書獻匾。此外，在二次大戰期間，媽祖也曾化身老婦，將美軍空投的炸彈丟到北港溪，保佑百姓不受災難。2017 年北港媽右手轉為粉紅色，也被傳為神蹟。因為北港媽的手原是黑色，傳說是與白沙屯媽祖的粉色手掌牽手後，所以染上粉色。

除了媽祖靈驗，朝天宮觀音佛祖保佑孝子找到失散父母，也彰顯了觀世音菩薩的慈悲。此外，朝天宮的註生娘娘與福德正神也很受到信眾的推崇。註生娘娘殿中供有兩尊童子，傳說摸摸祂們可以增加懷孕的機會，也有人特別拿小孩子的鞋子來祈願。希望懷孕者可以向註生娘娘求花，放進紅包袋中過香爐，回家後放於枕頭下，就可以得到註生娘娘相助、早生貴子。

朝天宮的土地公是廟中的財神代表，所以除了求媽祖保佑平安，信眾多會向土地公求財。土地公供桌前有一只大元寶，誠心向土地公祈求後，雙手摸元寶，再把財氣裝入口袋中。

到朝天宮除了拜拜祈福，旁邊的媽祖文化大樓也是很值得參觀的景點。4 樓頂規劃成媽祖景觀公園，有一尊高 15 公尺的石雕媽祖，媽祖座下鏤刻「四海龍王率 24 司水府眾神朝聖母」，是非常精巧的石雕作品。公園周邊設有步道和庭園景觀，從這裡也可以俯瞰朝天宮全景。

遊覽過景觀公園後，再到文物館參觀。其中收藏了許多台灣廟宇與藝陣文化的文物，藏品應有千件以上，其中不乏罕見珍品，對於廟宇藝術有興趣的人，千萬不要錯過。

↑ 媽祖文化大樓頂規劃為媽祖景觀公園

朝天宮的虎爺愛吃炮，傳說越炸越旺，在出巡隊伍中最受歡迎。所以到朝天宮拜拜也不要遺漏這旺財的虎爺將軍。祂的位置在正殿前的神桌下方，拜過媽祖後，可以請虎爺多幫你咬錢！

↑ 北港朝天宮虎爺

旅遊小建議

朝天宮後方有一處年輕人熱愛的拍照景點「公館里采繪社區」，可以步行的方式抵達。再向溪邊走就是另一處新興的打卡熱點「天空之橋」，這裡是以舊鐵道改建的天空步道，可以連接溪邊的賞景步道漫遊。

｜朴子配天宮｜

地址：嘉義縣朴子市開元路 118 號

電話：(05) 379-2350

官網：http://www.peitiangung.org.tw

↑嘉義朴子配天宮

　　朴子配天宮的樸仔媽，也有人稱袍「不動天后」。因為創建人林馬，奉請媽祖金身來到牛稠溪南畔的樸仔樹下休息，起身欲再前行時，媽祖卻不動如山。經擲筊請示，媽祖指示要鎮守此地。

　　這傳說的年代在清康熙 21 年（西元 1682 年），當時有布袋鎮貴舍里半月庄的商人林馬，經常往返於福州、興化和莆田一帶做生意，

也常到湄州天后宮參拜「聖母姑婆」（因為媽祖也姓林，故稱姑婆）。有天夜裡他夜宿廟中，媽祖託夢告訴他，體諒他一心虔誠，特別賜他一尊金身帶回台灣供奉，以免他年老時還要兩岸奔波。並指示他，所有金身之中，那尊鼻頭有痣的將隨他東去。一覺驚醒後，他立即跑到殿中，從眾多金身中看見一尊媽祖的鼻頭上停了蒼蠅，於是迎請金身，返回台灣。後來他走到樸仔樹下休息，要再捧起媽祖金身時，就定住不動了，原來是媽祖指定要在此建廟供奉。

↑ 正殿媽祖

　　正在準備動工建廟之時，媽祖再度指示，此樸仔樹就是廟的中心點。而這棵樸仔樹已有千年，又經媽祖點化，可用它雕成神像供信眾膜拜。於是大家就把上半段砍掉，留下下半段雕刻成「鎮殿媽」，而

樹根至今仍留在廟殿下。信眾也相信鎮殿媽與座下的樹根本生同源，氣息仍然相通，所以至今仍然靈氣不斷。

媽祖廟在清康熙 26 年（西元 1687 年）完工，初稱「樸樹宮」。因為媽祖的顯聖事蹟廣為流傳，所以信眾也越來越多，附近也逐漸發展成街市，叫做「樸仔腳」（樸仔樹下）之音，後來改稱「朴子」。

不動天后樸仔媽傳奇

清乾隆年間，傳說嘉慶太子巡遊台灣，來到樸樹宮時曾祈求媽祖保佑平安。後來嘉慶太子遇到凶險，王得祿將軍英勇護駕。嘉慶皇帝登基後，因為感念養育王得祿長大的嫂嫂許氏，所以每年元宵節都邀請許氏到紫禁城看燈花。清嘉慶 18 年（西元 1813 年），王得祿也奏請皇帝賜封許氏為一品夫人。後來，許氏年事已高，嘉慶皇帝不忍許氏遠渡重洋來看燈花，於是特許王得祿家可以布置和皇宮一樣的燈花。但許氏認為御賜燈花在家中無法代代相傳，於是王得祿就奏請皇帝准許燈花懸掛於百姓可以觀看之處。嘉慶皇帝便同意賜予樸樹可以布置燈花、代代相傳，並賜廟名「配天宮」。

↑ 御賜燈花

配天宮的傳奇不少，正殿中的千里眼、順風耳將軍，相傳曾顯靈解救嘉慶皇帝之危，於是賜封為「天將軍」。所以配天宮的兩位將軍都穿官袍、戴官帽。而為了與其他媽祖廟的千里眼、順風耳將軍做區別，配天宮的千里眼將軍紅臉、穿綠袍、拿大斧，順風耳將軍藍臉、穿紅袍、拿方天畫戟，非常特別！（與一般的眼、耳將軍臉色、兵器對調）而且，千里眼將軍的腳露出一隻大姆趾，代表當朝一品（一步登天）；順風耳將軍則露出 5 隻腳趾，代表五子登科。此外，兩位將軍的大神尪，在遶境時頭髮上掛的篙錢是彩色的，而一般只掛黃色，代表「天將軍」具有上達天庭奏事的身分。

↑ 正殿千里眼

↑ 正殿順風耳

　　另外一奇就是配天宮的虎爺公，因為救民無數，而被玉帝敕封為「將軍」，尊稱「山軍尊神」。原因是早年來此拓墾的先民，因水土不服、加上荒野中瘴癘橫行，民眾苦無醫藥，於是懇求媽祖治病。廟中的虎爺就降乩開藥，並指示信眾取祂的前腳做藥引，以此救治不少疾苦。民眾感念虎爺的恩情，就上奏上蒼，能讓虎爺上桌接受供奉，於是玉帝敕封「將軍」。

鎮廟之寶——康熙御用金筊、靈樹

　　配天宮還有兩樣鎮廟之寶，就是康熙御用金杯筊與「靈樹」四季蘭。收藏於側室的「康熙御用金杯筊」，有一段傳奇故事。民國 9 年（西元 1920 年）赴祖廟進香時，團員想擲筊問神，一時找不到筊杯。突然發現廟頂上掛有一副大筊杯，就拿了梯子爬上去取下，然後連續擲出 3 個聖筊。此時廟祝剛好走了出來，看見他擲出 3 聖筊，就告訴他：「你真有福氣，這金杯筊，是康熙皇帝駕臨此廟參拜時所御用，當時皇上有諭，誰能取用這神筊問事，且所問之事獲天后 3 聖筊，即是神筊的主人。」

↑ 正殿後靈樹

↑ 康熙御用金筊杯

　　種植於正殿後方的四季蘭是民國 9 年（西元 1920 年）赴祖廟進香時，湄州天后宮所贈送。回台後就種在正殿後方。因為此樹與正殿

僅一牆之隔，所以日夜感染神明靈氣，雖然在廟中少見陽光，枝葉卻十分茂盛。於是相傳此樹具有靈氣，如果身體有病痛者，到此摸摸樹幹，或是摘葉子泡茶喝，病痛都能得到緩解，所以被稱做「靈樹」。但 2017 年傳出靈樹病危消息，廟方窮盡一切方法搶救仍無法如願，後來擲筊請示將移植相似度 80% 的新樹。

開運祈福小秘訣

配天宮的媽祖不僅能照護眾生平安、滿足眾生願望，還是求子十分靈驗的神明。求子的程序是先向媽祖稟告自己求子的願望，並說明自己的基本資料。靜待 15 分鐘後再擲筊請示，如果要生男，就求白花；若無聖筊，就求紅花，順序可自訂。如果都無聖筊，再重新祈求一次，然後再擲筊。如果求得紅花或白花，就到門口的樹上摘花，然後到註生娘娘前誠心祝禱，過香爐後，帶回家中置於枕頭下。

↑ 註生娘娘

旅遊小建議

朴子附近的南竹里有一處「台灣原創彩繪村」，是由台灣的插畫家共同參與的彩繪成果。再延伸行成就可前往布袋的觀光漁市及高跟鞋教堂，漁市可以品嘗在地海鮮，也有不少海鮮伴手禮。如果還不過癮，布袋鎮好美里的 3D 彩繪村也很令人驚豔。

｜鹿耳門天后宮｜

地址：台南市安南區媽祖宮一街 136 號

電話：(06) 284-1386

官網：https://www.luerhmen.org.tw

↑ 鹿耳門天后宮

　　台南有許多超過百年歷史的媽祖廟，除了鹿耳門天后宮外，鹿耳門聖母廟、安平開台天后宮及台南大天后宮等，都是媽祖名廟，也傳有不少媽祖聖蹟，信眾遍及海內外。

　　鹿耳門天后宮與鄭成功收復台灣的事蹟息息相關。相傳，明永曆 15 年（西元 1661 年）鄭成功率領船隊大舉東進，至鹿耳門外因水淺

而無法入港，眼見就要錯失先機。鄭成功遂換小船從北汕尾嶼登陸，擺設香案向媽祖祝禱。

↑鹿耳門天后宮內殿

　　就在鄭成功誠心跪拜祈求後，果然潮水湧入，3百艘的船艦趁著水勢順利進入鹿耳門，從北汕尾嶼登陸。荷蘭軍雖派出戰艦迎擊，但仍被鄭軍的船艦開砲擊沉。接著鄭軍主力向赤崁城挺進，並斷絕城內水源，赤崁城荷蘭軍投降。鄭軍趁勝再向熱蘭遮城（安平古堡）進攻，荷蘭軍也再派出船艦頑抗，但都不敵鄭軍的戰艦，在圍攻8個月後，荷蘭總督簽字投降，結束了38年的統治。

　　鄭成功在收復台灣後，感念媽祖的庇佑，於是在北汕尾嶼搭建媽祖廟，並將隨艦的媽祖移奉於此，供軍民膜拜。此地也因為媽祖廟，

所以舊稱「媽祖宮」。

明鄭時期，鹿耳門為軍防與商船往來的重要港口。清康熙23年（西元1684年）開放海禁後，鹿耳門也成為台灣重要的通商口岸，貿易往來頻繁。清康熙58年（西元1719年），台灣官員捐俸擴建天后宮，前殿供奉媽祖，後殿供奉觀世音菩薩；左右設文、武二館，做為官員、商旅住宿與候船的場所。因為位處要津，所以媽祖廟的香火也更加鼎盛。

鹿耳門與安平因為航運之便，帶動了三郊（南郊、北郊、港郊）的興起。這三大公會主導了鹽、糖、布及南北大宗物資的交易，擁有大批的土地和財富。當時三郊也負責當時六大廟的管理。清嘉慶年間，海盜蔡牽之亂禍及鹿耳門，台灣鎮總兵愛新泰率官、商重建，並上奏朝廷，由欽差賜匾「神潮助順」。

清道光3年（西元1823年）台灣南部發生大洪水，導致曾文溪改道，大批泥沙淤塞了台江內海，鹿耳門失去了港口功能。從前舟楫往來、熱鬧繁榮的景象已不復見。清咸豐11年（西元1861年），台澎總鎮邵連科與曾元福再率官員與三郊公會的商人捐資重建。

清同治10年（西元1871年）再次發生大洪水，天后宮遭到沖毀。危急之際，廟祝林贊與村民搶救神像，「開基媽祖」輪流供奉在爐主廳堂，其餘神像則暫祀於水仙宮。

日治時期末期民國36年（西元1947年）村民發起重建，民國66年（西元1977年）再由村民與信眾發起重建。這次重建規模最大，共有3萬多人捐款，金額達2億多元。重建過程中，於鹿耳門溪附近也陸續出土不少珍貴文物，包括清乾隆42年（西元1777年）「新建鹿耳門公館碑記」及清咸豐11年（西元1861年）的「重興天后宮碑記」。

隨艦媽祖及鎮殿媽祖

↑隨艦媽祖　　　　　　　　　　↑鎮殿媽祖

　　鹿耳門天后宮的開基媽祖又稱鹿耳門媽，是鄭成功攻克台灣時的隨艦媽祖。材質為罕見的「萱芝」（紫檀）所雕，坐像高1尺3寸，身雕龍袍，坐八獅椅，梳天妃髮髻，法相莊嚴。依廟方考據，此神像的雕工細緻，是明朝的官方形制，能保存至今，實為稀有，可說是國家的瑰寶。

　　正殿中的鎮殿媽也很有特色。身高12尺8寸（約388公分），法相慈祥、莊嚴。原本是粉面的鎮殿媽，經連年的香煙薰染而呈墨黑色。唯獨媽祖的嘴唇，仍像是塗上胭脂般，這奇特現象也被信眾認為是媽祖神蹟。

　　鹿耳門天后宮共設6殿供奉諸路神明。正殿主祀媽祖，左龕陪祀水仙尊王，右龕陪祀四海龍王。後殿再分5殿，正殿為觀音殿主祀觀音佛祖，左殿祀三官大帝及南、北斗星君，右殿祀臨水夫人、福德正

神及註生娘娘。左偏殿為太歲殿，右偏殿為文昌殿，設聖父母神牌，供奉財神爺及文昌帝君。

這裡也提供信眾求取「媽祖招財金」。方法是向媽祖稟告求財心意、自己的基本資料後，以擲筊請求媽祖應允。只要擲出1杯聖筊，就可至服務處登記，領取招財紅包及內裝600元的招財金。招財金可放入皮夾隨身攜帶，也可存入銀行，或用於與自己事業相關的費用上。將領取的招財金過香爐後，紅包袋也是開運財器，切勿丟棄，紅包袋上也有流水編號，方便1年內還金時使用。

開運祈福小秘訣

鹿耳門天后宮也設計許多開運小物，像是平安香火袋、除穢帚及開運錢母等。最特別的是蔭福旗，上面除了印有符文，旗上還裝了一把神傘，在過香爐時把傘打開，過爐後將傘收起，象徵把神氣收入。此旗可以擺放家中或辦公室，可隨時接受媽祖的庇佑。

↑蔭福旗

旅遊小建議

鹿耳門天后宮臨近台江國家公園，有溼地公園、歷史建築、黑面琵鷺賞鳥區等，可騎乘自行車，或參加娛樂漁筏的導覽行程，是體驗自然生態的好去處。以此也可延伸旅程至安平古堡、赤崁樓等古蹟景點。

|屏東慈鳳宮|

地址：屏東市中山路 39 號

電話：(08) 732-2967

官網：http://www.323pt.org.tw/

↑屏東慈鳳宮

↑正殿媽祖

　　阿猴是屏東的舊稱，推測是源自於平埔族語，所以慈鳳宮俗稱「阿猴媽祖廟」。阿猴媽祖的起源也可溯自明末鄭成功來台時期，當收復台灣後，許多漳、泉移民跟隨鄭軍來台拓墾。當時有一僧人自湄州迎奉媽祖，來到阿猴。

　　僧人初到阿猴，便暫時將媽祖神像供於官衙中，祈求媽祖庇護拓墾移民，抵禦盜賊及與原住民族之間的爭鬥。但是每到半夜，廳堂中經常有紅光閃耀，引起居民的好奇，於是大家前往一看究竟。原來，廳中供有媽祖神像，大家都認為是媽祖顯靈，於是籌資為媽祖興建小廟供奉。

清乾隆 11 年（西元 1746 年）信眾漸增，原有小廟已不敷使用，於是由鄉紳鄭麟鼎發起重建，在現址改建為木結構的廟宇，稱「媽祖宮」。歷經數十年歲月，至清道光 5 年（西元 1825 年），由信士郭先柱倡議改建。這次重建改為磚牆覆瓦的廟宇，並以媽祖「慈心濟世，鳳德化民」的恩德，定廟名為「慈鳳宮」。

日治時期民國 33 年，正值二次大戰其間，10 月 16 日上午盟軍發動空襲轟炸屏東。當時屏東居民約有 2 百多人，倉皇躲到慈鳳宮避難。只聽見宮外爆炸聲不斷，也有多顆炸彈落在慈鳳宮內，但都沒有爆炸。居民慶幸平安，也深深感念媽祖慈悲救難，紛紛叩謝媽祖恩德。民國 34 年（西元 1945 年）5 月 1 日中午，盟軍再次空襲並投下許多燒夷彈，只見慈鳳宮外一片火海，而掉落宮內的 24 顆炸彈，也都沒有引爆，慈鳳宮安然無損。兩次救民於難的神蹟，讓居民深感不可思議。媽祖的靈驗事蹟傳開後，阿猴媽祖的名聲更加響亮，吸引不少信眾前來參拜。

阿猴媽祖兩次救民於難

二次戰後，於民國 49 年（西元 1960 年）慈鳳宮曾進行大規模修建。民國 72 年（西元 1983 年），因廟內電線老舊引發大火，前、後殿幾乎燒毀。所幸媽祖靈驗，金身完好無傷。隔年展開重建工程，歷時 4 年完工，並舉行入火安座儀式。重建後的慈鳳宮，採用傳統廟宇工藝，不論是重簷歇山式的廟頂、木雕、剪粘等，都是一時之作，至今仍妥善保留，成為重要的文化資產。

重建後的慈鳳宮分為前殿與後殿，前殿供奉天上聖母媽祖，神殿金光閃耀，代表信眾對媽祖的崇敬。後殿 5 樓為玉皇殿，3 樓為觀音殿，1 樓供奉送子觀音、彌勒佛、文昌帝君及月老星君等。

5 樓玉皇殿主祀玉皇大帝、三官大帝，陪祀保生大帝與三坪祖師等。三坪祖師是福建漳州的地方守護神，在一般廟宇中比較少見以獨

立神龕單獨供奉。

　　三坪祖師為唐代高僧，俗姓楊，僧號義中，為福建福州福清人，自幼聰穎，博覽群書、過目不忘，曾師事百丈懷海等高僧。後來遭逢唐武宗滅佛，他與僧眾躲避到漳州平和縣九層岩山區，建「三平真院」

↑玉皇殿陪祀三坪祖師

傳道弘法。見山中居民物資缺乏、又少醫藥，於是幫人看病，也教導農業耕作、教授拳術。他的義行甚受推崇，唐宣宗皇帝特封「廣濟大師」。

　　後殿1樓都是民間最受崇信的神明。主祀送子觀音，觀音手抱童子，面貌慈祥，十分少見，所以吸引不少人到這裡求子。送子觀音像前奉彌勒佛，是笑口常開的福神。文昌帝君和月老星君，則是保佑學運和姻緣的神明。

後殿1樓所奉祀的神明，有幫助賜子的送子觀音、賜財的彌勒財神、保佑文運的文昌帝君，和催旺姻緣的月老星君。可以向文昌帝君求文昌筆，不同於一般2B鉛筆，必須取一支毛筆，擺上供桌向文昌帝君祈求，再擲筊請示。如果應允，就取文昌筆沾上硃砂墨，過香爐後帶回擺放書桌或辦公桌，可得到文昌帝君保佑考試順利、職場升官。

↑文昌筆

屏東慈鳳宮前的永福路還有一間建於清乾隆年間的關帝廟，也是屏東市很受推崇的廟宇。附近還有一處孫立人將軍行館，可以隨興走走，瞭解這位傳奇人物的事蹟。向外延伸可到青島路的將軍之屋，現在規劃為文創園區，可以遊覽眷村文化，也有幾家氣氛不錯的小店。結束一天行程，可以到屏東觀光夜市品嘗小吃。

↑關帝廟

主掌功名文昌廟

　　自隋朝設進士科取士，開啟了社會階層上下流動的機會，科舉考試成為管理者舉才、庶民晉仕的公平方式。影響至今，不論是升學、公司徵才、公務人員選拔等，都要經過考試。所以自古以來，文人、學子都敬拜文昌，祈求文思敏捷、應考順利。

　　敬拜文昌也是對治「五窮」的方式之一。五窮之中有智窮、學窮、文窮、命窮與交窮，所以想要有更好的升遷與發展，必須具有智慧、有學問、思緒清楚，才足以應付各種試煉，受到上司重用，開啟順遂的人生。而文昌帝君也勉勵世人，要廣積陰德，必得上天賜福！

│新莊文昌祠│

地址：新北市新莊區碧江街 20 號
電話：(02) 2998-7556

↑ 新莊文昌祠

↑ 正殿文昌帝君

因為崇文尚學，所以台灣廟宇中常見奉祀文昌帝君，但主祀文昌諸神的並不算多，台北地區最知名的文昌祠之一就是新莊文昌祠。新莊文昌祠始建於清嘉慶 18 年（西元 1813 年），由艋舺縣丞曹汝霖捐俸建新莊慈祐宮（媽祖廟）後之餘款所建。是北部年代最久的文昌祠之一，也被列為直轄市市定古蹟。

　　清乾隆、嘉慶年間，新莊地區因淡水河運之便，商賈群聚、非常繁榮，加上崇文尚學，自嘉慶到同治年間，新莊地區出過不少秀才。清光緒元年（西元 1875 年）地方士紳認為，以文昌祠做為義塾已太過狹窄，於是倡議遷址重建。後由艋舺縣丞傅端銓及仕紳陳式璋等人捐資，將文昌祠移至碧江街現址，一來擴建文昌祠，二來在廟殿左側護龍設崇文閣，做為義塾之用。

　　甲午戰後，台灣割讓予日本統治。以科考為目的的義塾失去意義，而文昌祠也被日軍所佔用，文昌祠的香火難以沿續。日治初期，日本政府採取懷柔政策，文昌祠尚能維持香火，原有的義塾以教授漢文繼續維持。後來日本政府全面推行日語教育，設立公學校，文昌祠現有建物及資產被轉做公學校使用。但到了日治後期，日人開始禁學漢語和傳統宗教，文昌帝君的香火在此中斷。

　　二次戰後，日人退出台灣。繼之而來的是國民政府借用，後來又在此設立托兒所。一直到民國 71 年（西元 1982 年）文化資產保存法通過並公布後，地方人士積極投入搶救古蹟，民國 73 年（西元 1984年）成立管理委員會，經申請提報審查後，於民國 74 年（西元 1985 年）由內政部公告為三級古蹟。

文昌帝君保學運也保健康

　　民國 86 年（西元 1997 年）文昌祠增建一棟兩層樓文物館，以一小段過水廊連結東廂與文昌祠正殿。文昌祠東廂 1 樓設有太歲殿、祿

馬殿、功名燈殿、瘟祖殿等。其中瘟祖殿與祿馬殿是其他文昌祠難以
見到的「文昌帝君」。

↑祿馬殿文昌帝君　　　　　　↑相傳文昌帝君曾化身瘟祖救民

　　瘟祖殿的設立是仿效自四川梓潼縣文昌帝君祖廟，增加了文昌帝
君為了「收瘟攝毒，掃蕩汙穢」而化身「瘟祖」的傳說。相傳文昌帝
君不僅專管功名利祿之事，曾見五瘟肆虐而設法台除瘟，所以又被奉
為瘟祖。

　　祿馬殿中所設的文昌帝君神像也很特別，其中文昌帝君騎白馬，
伴隨兩位童子。這是源自傳說中文昌帝君有匹坐騎「白特」（也有人
稱四不像），又名「祿馬」或「雪精」。形象為馬頭，騾身，驢尾、

牛蹄、通身雪白的怪獸，相傳是由文昌帝軍少年時所騎的竹馬所變化。有些文昌帝君廟內，也祭祀「祿馬神」。因民間習俗稱：「祿馬直直跑，官位步步升」，也象徵「伏驥千里」，能一步登天。

開運祈福小秘訣

每年學測前夕，文昌祠會特別為考生舉辦祈福法會，大約在考前的 10 天開始報名。考生可以準備蔥（聰明）、芹菜（勤學）、蘿蔔（好彩頭）及準考證、水和考試當天要穿的衣服等，到文昌祠填寫疏文，可參加祈福儀式。現場還可以敲功名鐘、過烘爐掃除霉運、過七星平安橋來祈求考試順利。

↑ 功名鐘

旅遊小建議

新莊文昌祠臨近新莊廟街，廟街上也不少百年老廟，像是供奉媽祖的慈祐宮、供奉關公的武廟及拜三山國王的廣福宮。入夜後的廟街也會變成觀光夜市，其中有不少知名小吃和百年老店，可以自行尋寶。

↑ 新莊廟街武廟

│台中市文昌公廟│

──── ─── ──── ─── ──── ─── ──── ─── ──── ─── ──── ─── ──── ─── ────

地址：台中市南屯區南屯里文昌街 100 號

電話：(04) 2389-1827

官網：http://www.wcgt.org/

↑ 文昌公廟

↑ 正殿主龕文昌帝君

　　台中市文昌公廟舊稱犁頭店文昌祠，是台中、彰化地區最早建立的文昌祠。歷經日治時期對漢語文化的打壓，仍暗中傳承台灣文化。後再移地重建，重現恢弘廟貌，為台中市定歷史建築。

　　據清道光《彰化縣志》記載，彰化縣內共有 7 座文昌帝君祠，其中一座在犁頭店街，於清嘉慶 2 年（西元 1797 年），由歲貢生（經選拔至國子監就讀）曾玉音等捐建，與西螺街廖澄河所建的文昌帝君祠，同為清治時期彰化縣內最早建立的文昌祠。

　　曾玉音當時是以簡姓先祖名義捐地、並號召募資，於今日南屯市場建廟，命名「犁頭店文昌祠」。清光緒 2 年（西元 1876 年），烏日鄉學田庄陳吉輝成立「大觀社」，並邀集附近各社集資購買田地，

以租佃所得在文昌祠廂房設置鄉學。不僅禮聘名師授學，培育英才，每年也在文昌祠舉辦兩次鄉試，獎助成績優異學生，使當地人才輩出，被譽為台中地區文化的發祥地。

甲午戰後清日治明治 28 年（西元 1898 年），日治政府徵用文昌祠做為「犁頭店公學校」校舍。據日治大正年間調查之《宗教台帳》記載，當時文昌祠規模為三開間，正殿帶拜亭及左右兩廂房，廟前有一堵照壁，總面積約 660 坪，奉祀的神明有梓潼帝君、朱衣帝君、魁斗星君。在日本大力提倡皇民教育時，在地士紳仍默默為保存傳統漢學文化而努力。除了以租佃田租持續推動教育與祠祀活動，也響應當時的「新文化運動」，成立南屯昌明會，成立「漢文研究部」，敦聘漢學名師王義貞先生執教，也舉辦多場演講，呼應當時的抗日運動。

二次戰後，因土地登載誤植，使廟產歸入私有，所幸經訴訟後回歸予管理委員會。歷經歲月摧殘與私人佔用多年，文昌祠已顯破舊，於是地方士紳倡議新建，恢復昔日文風。委任國大代表林湯盤擔任重建主任委員，也獲得各界擁躍捐款。剛好此時台中市政府辦理公共造產，管委會便將廟地租給市政府，也分得五間店舖，再將地上建物出售，而籌得重建資金。於民國 61 年（西元 1972 年）購置南屯現址，由知名地理師張登淵（阿水仙），擇定於民國 62 年 3 月 1 日動工，同年 12 月 20 日完工。

奉祀五文昌，舉辦金榜題名祈福法會

新廟落成後，全體委員有感於關聖帝君的忠義正氣，又是五文昌之一，所以增祀關聖帝君。不久又因緣自木柵指南宮恭請孚佑帝君神像，加上原本奉祀的梓潼帝君、朱衣星君和魁斗星君，正好成為供奉五文昌的廟宇。民國 63 年盛大舉辦慶成大典，並將廟名改為「台中市文昌公廟」。

↑主祀梓潼帝君、文衡帝君、孚佑帝君、魁斗星君與朱衣星君等5位文昌神，
並配祀「至聖先師」孔子

台中文昌公廟於每年國曆9月
(農曆8月中)會舉辦一場「祈聰
賜慧(開智慧)法會」,參加者
當日可由法師親自為你加持開智
慧,於1個半月前開始報名。

↑文昌金

台中文昌公廟鄰近萬和宮,是台
中地區聲名遠播的媽祖廟,可前
往參拜,還可順便參觀萬和文化
大樓5樓的麻芛文化館,展示台
灣早年的麻繩歷史與文化,很有
教育意義。也可延伸行程到「審
計新村」,整區都是眷村老屋改
建的文創基地,有許多特色餐廳
跟小店,也是拍照的熱門景點。

↑台中文昌公廟前為另一知名媽祖
廟萬和宮

｜宜蘭文昌廟｜

地址：宜蘭縣宜蘭市文昌路 66 號

電話：(03) 935-2166

↑ 宜蘭文昌廟

↑ 主祀文昌帝君、倉頡神位

　　宜蘭文昌廟，雖稱做文昌廟，卻是文武廟的形式。一進牌樓後廟分為左右二殿，左殿祀文昌帝君，右殿祀關聖帝君，關帝殿中祀有「神馬」，為關聖帝君坐騎，後人在文昌殿再設麒麟，以為對應。

　　宜蘭文昌廟為清嘉慶 23 年（西元 1818 年）由噶瑪蘭廳通判高大鏞所倡建，並自四川梓潼縣七曲山的文昌帝君廟分香帝君神像來台供奉，同時也供奉關聖帝君。

　　清道光 2 年（西元 1822 年），知縣邱竣在文昌廟創立考棚，做為每年 4 月鄉試的場所。清道光 5 年（西元 1825 年）通判呂志恆將東廂做為仰山書院使用，並建門樓一座。道光 25 年（西元 1845 年）通判朱材哲捐資改建為左、右二殿，分祀文昌與關帝。清道光年間陳淑

均所撰之《噶瑪蘭廳志》中稱為「文昌壇」，並記載左右設有廂房，前庭東置敬字亭一座。

仰山書院為宜蘭唯一書院，地方名人如楊士芳、李望洋等均曾擔任書院山長，作育英才無數，沈葆禎就曾讚譽「淡蘭文風冠全台」。總計宜蘭地區就曾出過進士 1 人、文舉人 13 人、武舉人 13 人、廩生 12 人、秀才 61 人。

日治時期，文昌廟左廂的仰山書院被移做警察署與官舍使用，右廂房則被拆除改建宿舍。日治明治 38 年（西元 1905 年），文昌廟的正殿都做借為宜蘭公學校使用，但仍維持漢學的教授。一直到日治大正 12 年（西元 1923 年）宜蘭女子公學校校舍完工，才將學生移出文昌廟。

日治大正 14 年（西元 1925 年）地方人士重修文昌廟，並修復神像、立五夫子（周敦頤、張載、程顥、程頤、朱熹）及倉頡牌位，當時所立的捐修碑廟名記為「文武廟」。

宜蘭文昌廟有過輝煌的歷史，也歷經日治時期對漢學的打壓，但仍維持春、秋二祀，由地方保正與文武舉人、生員等，盛大舉行祀典。

二次戰後，文昌廟乏人管理，遂被退伍老兵所佔用。一直到老兵過世，文昌廟成立管理委員會，才重新接管。

神馬加持，應試馬到成功

宜蘭文昌廟雖為文武廟，但關聖帝君也是朱衣神、五文昌之一，所以也是主掌學運之神。再者，關聖帝君也是武財神，所以，到這裡同時可以求考運，也可祈求應試順利、求官位升遷，求財運降臨！

文昌諸神除了文昌帝君與關聖帝君外，這裡也供有五夫子及倉頡牌位，所以也被認為是求考運十分靈驗的廟宇。

而除了向文昌諸神誠心祈求外，關聖帝君前的「神馬」，也被認

為能帶來好運。這匹銅馬，原本被棄置在員山忠烈祠旁的倉庫，地方人士發現後，認為很適合當關聖帝君的座騎，便運回放在廟前廣場。但神奇的是，地上其他地方的草會長長，銅馬附近的草就特別短，就傳出神馬有靈。也有老一輩的人說，半夜會聽到馬蹄聲從廟中走出，再回到廟裡。後來，來參拜的信眾都會摸摸馬頭、馬尾，祈求「一馬當先」、「馬到成功」！

↑關帝殿前神馬

開運祈福小秘訣

祈求考運一般多準備象徵吉祥的供品，像是橘子代表吉利、包種茶或粽子代表包中、青蔥代表聰明、蒜頭代表勝蒜、蘿蔔代表好彩頭等等。也有人會將應試用的 2B 鉛筆、礦泉水來拿來拜，希望神明加持，下筆如有神助，應考的休息時間喝喝神明加持的礦泉水，維持最好的表現！

旅遊小建議

宜蘭文昌廟曾做為仰山書院的講堂，其中名士楊士芳曾在此擔任山長。楊士芳是宜蘭出身的進士，欽點浙江省即用知縣，加同知五品官銜。目前在文昌宮北建「楊士芳紀念林園」，也有一間以他為名的「芸堂人文咖啡」。往南可到宜蘭酒廠，參觀台灣紅麴的故鄉，「酒子蘭酒文物館」展示宜蘭百年來的造酒歷史，是很好的鄉土教材。

｜木柵指南宮｜

地址：台北市木柵區萬壽路 115 號

電話：(02) 2939-9922

官網：http://www.chih-nan-temple.org

↑木柵指南宮

↑純陽寶殿主祀呂仙祖

　　指南宮源起於清光緒 8 年（西元 1883 年），當時淡水知縣王斌林來台赴任時，帶來呂仙祖的分靈，供奉在艋舺玉清齋開堂濟世。後來，景美街流傳疫病，迎請呂仙祖前往滅瘟，疫疾也逐漸平息。

　　呂仙祖來到景美後，屢顯靈驗，多有起死回生、所求實現的事蹟，所以深受民眾崇信，信眾越來越多。後來，呂仙祖指示擇地建廟，又有瀕死又康復的劉姓地主捐地，於是在光緒 16 年（西元 1890 年）在現址建一小廟，以呂仙祖居天庭南宮，及濟世度人須用指南針之意，定廟名為「指南宮」。並依呂仙祖之意，同祀道、儒、釋教神明，所以目前指南宮建有大雄寶殿、大成殿等，規模宏大！

　　正殿純陽寶殿奉祀道教諸神，都是法力高強、威名遠傳的神明。

正殿陪祀王天君與張天君，左護龍為五祖殿，奉祀海蟾祖師、鐘離祖師、東華帝君、孚佑帝君及重陽祖師，右護龍。

　　純陽寶殿右後方為6層樓高的凌霄寶殿，殿中主祀玉皇大帝，同祀三官大帝、太陽、太陰星君，殿前立溫、馬、趙、康四大元帥，也陪祀四御大帝、雷公、電母、風神等，也都是道教中最重要的神明。

　　純陽寶殿右上方為大雄寶殿，供奉三寶佛、觀世音菩薩、文殊菩薩及普賢菩薩；大成殿主祀至聖先師孔子。

通天財神鎮座，聚財好運來

↑通天財神

↑呂祖聖尊寶殿供奉山西祖廟永樂宮所贈白玉呂祖聖像

　　指南宮除了奉祀釋、儒、道三教神明外，因為有感於經濟動盪、人心不安，而祈求上蒼賜福。突然天際現出七彩祥雲、空中飄來仙樂，化現出「通天財神」，是統理所有財神之主，現在供奉於凌霄寶殿。

　　呂洞賓民間又稱呂仙祖、呂祖，為道教全真派祖師。《呂祖寶誥》中稱呂仙祖為「玉清內相，金闕選仙，化身三教之師，掌法判五雷之

令。」可見呂祖地位備受尊崇，民間常見神明文中也已略記呂洞賓被奉為五文昌神之一的原由。

呂仙祖不僅才學洋溢，流傳有不少詩作；又身兼玉清宮元始天尊的內相、負責天庭選仙，所以被奉為道、儒、釋三教的老師。呂仙祖也是廣渡世間疾苦的神明，「四生六道，有感必孚，三界十方，無求不應。」所以，不論是求智慧、開運或消災解厄，都可以祈求呂仙祖庇佑。而且鍾離權曾「十試呂洞賓」來考驗祂的道心，所以呂仙祖也很能體會應考者的心情，願意助考生一臂之力。

開運祈福小秘訣

指南宮備有祈願籤與祈福卡。祈願籤依所求神明不同分為純陽祖師、玉皇上帝及如來佛祖，依不同的願望分成 7 類，各有不同顏色。祈福卡則可以將心願寫上，掛上許願樹，讓神明盡快幫你達成願望。各廟殿前也擺設平安鐘，可向神明許願，然後輕敲，隨著鐘聲上達天聽。

↑平安鐘

旅遊小建議

指南宮本身就是一座大型的宗教博物館，光是參拜與參觀，就可以花上大半天。因為臨近台北貓空，所以可以和動物園、貓空的景點一起串連。如果延伸行程就可往深坑老街，老街上也有不少古廟和有名的豆腐料理。

消災解厄改運廟宇

俗話說：「一命、二運、三風水、四積陰德、五讀書」，說明人生的運勢大略可取決於這5個因素。命是天生註定，但運是否可改？面對生活中的挫折、不可知的未來，人們總是希望能藉由神明的慈悲，能避免不必要的阻礙、減少小人的傷害，讓自己能專心、用力地創造未來。民間相信，可以靠信仰的儀式如「拜斗」、「掩魂」、「造生基」等，讓自己趨吉避凶，或是多做好事積陰德，就可以廣結善緣，開創自己的命運。

｜新竹都城隍廟｜

地址：新竹市中山路 75 號

電話：(03) 5223666 或 5224888

官網：http://www.weiling.org.tw/

↑ 新竹都城隍廟

↑ 正殿主祀都城隍威靈公

城隍爺能審查人間善惡，被認為是主管陰間事務的神明。但也因為恐懼於「善惡有報」及「因果輪迴」，所以民間也常請城隍爺做主，來主持正義、申張冤屈。而且，如果有累世「冤親債主」討債，也可請城隍幫忙化解。

　　新竹城隍廟是省級的城隍廟，城隍爺封威靈公，在台灣是位階最高的城隍。歷史上又有清光緒皇帝賜匾、溥儀賜字、開台進士鄭用錫獻匾，所以名滿全台，深受民間崇拜。

　　新竹城隍廟為清乾隆 13 年（西元 1748 年）由台灣府知府曾日瑛所建，廟地由開啟竹塹（新竹舊稱）開發的王世傑所捐，他也將新竹城北門一帶的田租捐給城隍廟，所以廟中立有王世傑的長生祿位。

　　清光緒元年（西元 1875 年），台北升格台北府，但廳治仍設於新竹，於是新竹城隍也升格為「府城隍綏靖侯」。清光緒 15 年（西元 1889 年），張天師占卜星象，奏報清廷國有大難，由竹塹名人林汝梅奏請於新竹城隍廟舉辦「護國佑民大法會」（俗稱祭天狗），於是清廷賜封新竹城隍為「都城隍威靈公」，總轄台灣，清光緒皇帝也賜匾「金門保障」。後來新竹名人謝介石也向當時任滿州國皇帝的溥儀請匾，現在廟門上的「聰明」、「正直」就是溥儀所書。開台第一進士鄭用錫也獻「理贊陰陽」匾。

靈驗傳說，日審陽夜審陰

　　〈重修新竹城隍廟碑〉中記載，清同治元年（西元 1862 年）戴潮

↑彌勒殿王世傑祿位

春叛亂時，淡水同知秋日覲被誘出城慘遭殺害。叛軍進兵大甲，準備夜襲竹塹。但入夜後卻聽到兵馬行軍、兵器相接的聲音，以為援兵已到而不敢攻城。其實，當時援兵未至，於是在地居民都深信是城隍顯靈，派來神兵神將阻擋叛軍。

此外，在舉辦「護國佑民大法會」時，主祭者林汝梅交待，張天師指示法會期間，每天午夜的子時至隔日天亮之前，廟門都必須緊閉，若能連續 12 天，則台灣就僅有 12 年的災難，否則須 50 年才能解脫。結果到了第 12 天晚上，廟門忘了上閂，當晚廟埕上有野狗爭鬥，廟門被受傷竄逃的狗給撞開。民間傳說，這是「天狗」破了陣法，所以台灣被日本統治了 50 年。

新竹城隍的靈驗傳說一直不斷，特別是城隍夜審這件事，許多人更是言之鑿鑿，入夜後，廟殿中常傳出審案、枷鎖碰撞或是拖鐵鍊的聲音，而城隍廟也流傳地下有陰陽通道的傳說。2013 年城隍廟特別委請中華大學團隊進行探測，結果以透地雷達發現地下真的有一口井。這事件也讓人深信，這口井就是傳說中的陰陽通道。

↑城隍廟陪祀許多神祇

新竹城隍廟聘有專任法師為信眾
執行法事，項目包括保運、制化
、謝恩、陰陽和解及繳庫等。所
以如果有冤親債主或時運不順，
都可以請廟中法師為你執行道教
科儀，化解災厄。

↑道長為信眾消災祭解

新竹城隍廟的廟口有各式各樣的
最知名小吃，米粉、貢丸湯、蚵
仔煎、肉圓等，都很有在地特色
。廟外的潤餅和狀元糕也很受歡
迎，是古早味的傳統小吃。

↑新竹都城隍廟口是新竹知名小吃聚
集地

嘉義觸口天長山龍隱寺

地址：嘉義縣番路鄉觸口村1號

電話：(05) 259-1322

官網：http://www.longin.org.tw

↑龍隱寺

↑五公菩薩前濟公

　　位於阿里山公路觸口村的龍隱寺，是全台知名的濟公廟。除了濟公禪師外，正殿的五公菩薩（五公聖尊）是濟公的5種化身，廟殿雄偉、景觀殊勝，是值得參訪的宗教名山。

　　龍隱寺源起於民國35年（西元1946年），當時濟公禪師雲遊至此，見此地山水環抱，是地靈人傑的風水地理，於是一直鎮守在此，等待機緣。

　　大概經過了10多年，濟公託夢給在地務農的邱姓人家，夢中顯現一身穿破衣、手執破扇的神像，交待邱先生要雕塑金身奉祀，祂要在這裡行醫濟世。夢醒後，邱先生半信半疑，後來又多次顯化神蹟，邱先生一家才相信，是濟公真身要顯聖濟世。民國63年（西元1974年），

邱先生先到高雄甲仙龍鳳寺分靈並雕塑金身在家中供奉。濟公禪師開始降乩辦事，也經常雲遊到台灣各地、借用其他乩身行醫救世。10多年來，受濟公幫助的人難以計數，各地信眾也不遠千里，來到觸口答謝神恩。

　　一直到民國79年（西元1990年），濟公禪師指示，建廟機緣已到。但動土開工之時，經費仍沒有著落，只能仰賴各地聞訊而來的義工，慢慢地先成立管理委員會，信眾也請濟公禪師指示，禪師只說：「不用煩惱！」後來，真的如有神蹟一般，各地的信眾接續前來還願、解囊捐款。隔年，正殿完工入火安座，後續的工程也一直持續進行，迄今，巍峨的殿堂已然完成，廟前的停車場、公園美化等也襯托出廟殿的雄偉！

濟公禪師與五公菩薩

↑內殿五公菩薩

濟公禪師的介紹，在本篇前已先做敘述，祂不只是佛、道共崇的菩薩，也是傳說最多的神明。

　　而五公菩薩各指何人？不同廟宇有不同說法。據明景泰 4 年（西元 1453 年）《五公末劫經》所述：「南無彌勒菩薩化身唐公，南無普賢菩薩化身郎公，南無無盡意菩薩化身化公，南無泗洲大聖菩薩化身寶公，南無觀世音菩薩化身誌公。」

　　而經詢問龍隱寺廟方，表示五公菩薩為：降龍羅漢、伏虎羅漢、康公（李鐵拐化身）、寶公（寶來佛、布袋和尚化身）、化公（達摩祖師化身）。此五公菩薩的化現，是在圓通古佛（觀音佛祖）渡化天下時鎮守五方的菩薩。

　　龍隱寺內殿陪祀註生娘娘與福德正神，2 樓為圓通寶殿，供奉圓通古佛，即為觀世音菩薩，陪祀文殊、普賢菩薩。1 樓虎側的廂房，設有公禪師石像，可求取發財母錢、平安符等。

開運祈福小秘訣

濟公禪師為行俠仗義、慈悲渡眾的得道高僧，所以不論是求事業、健康、功名、財富等，只要誠心祈求，都能得到禪師的幫助。如果想要避災、防小人，可以跟廟方結緣避邪桃木扇和五色線，再過爐配帶，可以趨吉避凶。

旅遊小建議

龍隱寺位於阿里山風景區，前後為天長、地久橋，是賞景與健行很好的路線。再往上行約 26 公里就可抵達奮起湖風景區，這裡有老街、知名的奮起湖便當，還有天然手作的愛玉。

台南南鯤鯓代天府

地址：台南市北門區鯤江里 976 號

電話：(06) 786-3711

官網：http://www.nkstemple.org.tw/

↑ 南鯤鯓代天府

↑ 正殿主龕五府千歲

在台灣只要說起五府千歲，十之八九都推薦南鯤鯓代天府。代天府不僅被尊稱為台灣王爺總廟，全球分靈的廟宇也超過 2 萬 6 千多座，不僅五府千歲靈驗，另廟供奉的囡仔公，更是靈驗的本土財神。

關於南鯤鯓代天府的緣起，傳說明朝末年的一個寂靜的夜裡，漁民們忽然聽到海上飄來鐘鼓管弦的樂聲，於是紛紛跑到海邊察看，只見遠處有一艘三檣大帆船，緩緩地駛向南鯤鯓灣。

隔天，漁民們再到港邊一探究竟，結果哪有三檣大船，只有一艘破舊小船。船上載著 6 尊神像，分別寫著：「大王李府千歲、二王池府千歲、三王吳府千歲、四王朱府千歲、五王范府千歲、中軍府」，另外還有一支神木和寫著「代天巡狩」的旌旗。

漁民先是搭小寮供奉，早晚上香膜拜，但從此以後，漁民只要出港，一定滿載而歸，神明靈驗的事蹟就此傳開。偶有身體病痛或其它疑難的人來此敬拜，也都不藥而癒、轉危為安。既然神明靈驗，於是大家提議建廟，但實在沒錢，只好隆重敬拜後，請神明另找他處，再將神像放上小船，推出港外。但不久後，小船竟又回到港內。漁民猜想，這應該是神明的旨意，只好尋找廟地，為神明建廟。明永曆 16 年（西元 1662 年），選擇了南鯤鯓山的「浮水金獅活穴」，開始建廟。

↑三川門

　　建廟之時，還有傳說大王李府千歲曾化身為漁民，到福州買福杉、到泉州買石材、到漳州買磚瓦。當貨船抵達南鯤鯓港時，所有漁民都大為吃驚，因為他們並沒有能力去採購這些建材。此事又再傳開，來自四面八方的信眾紛紛捐款，廟宇也終於建成。

因為廟建在急水溪口的「浮水金獅活穴」，因為有鎮廟三寶，才能屹立不倒。其一為廟後的白楝欉樹，它是金獅尾，溪水隨著獅尾擺動，不會沖到鯤鯓山，再流入海；二是溪底的白馬鞍藤頭穩住了廟基；三是井邊的烏金石，可避水氣。但是到了清嘉慶年間，有一位和尚砍倒了這棵白楝欉樹，整座鯤鯓山悲鳴了三天三夜，也引起溪水和海潮的沖擊。因為風水地理已被破壞，三王吳府千歲親自起駕，直奔楝欉山，選中虎峰的「虎穴」建廟，歷時5年，於清道光2年（西元1822年）完工。

　　在三王選中「虎穴」建廟時，其中還有一段精彩故事。原來，楝欉山早已被「囝仔公」所佔，當祂知道五王要在這裡建廟時，就出面討公道說：「這塊地早已歸我所有，埋有銅針為記。」五王反駁說：「早在我們渡海來台時，就已經看中此地地理，埋有銅錢為記。」雙方就請來土地公評理，結果，挖開土地一看，銅針插在銅錢中的方孔，難以公斷。

　　後來雙方互不相讓，展開一場大鬥法。囝仔公召來陰兵，五王以三王為主將，纏鬥數日難分高下。此事驚動了赤山巖觀音佛祖，於是出面調停，令雙方定約和解。一是雙方和平共存。二是五王蓋大廟，萬善爺蓋小廟。三是來大廟進香，必來小廟敬獻。四是共享人間香火。傳說三王吳府千歲的神像額頭有一道傷痕，就是當年大戰所留下的傷痕，廟方曾多次請工匠修補，都無法復原。而代天府側後方也建有萬善堂，指示信眾往萬善堂敬拜。

↑與五府千歲鬥法的囝仔公祀於萬善堂

米其林評為三星級景點

　　南鯤鯓代天府佔地約 34 公頃，除了南鯤鯓古廟外，還陸續增設了公園、亭台樓閣、景觀步道、碑林、文史館及香客會館，成為一處不僅香火鼎盛，還是可以散步休閒的宗教園區。

↑娘媽殿月老

　　正殿主祀五府千歲，殿後為青山寺，主祀觀音佛祖。後殿有地藏王殿與娘媽殿，地藏王殿前還供有八路財神神座，娘媽殿中供奉註生娘娘與月老星君。這裡的月老星君可以求紅線與「緣粉」，是催旺姻緣的利器。

↑凌霄寶殿　　　　　↑凌霄寶殿背面壁飾

　　代天府後方新建的凌霄寶殿，晃若帝王宮殿，內部的木雕、樑柱、壁畫、石雕等，作工精細、前所未見，也難怪會被米其林旅遊指南評為三星級景點。凌霄寶殿供奉玉皇大帝、三官大帝，金漆塗裝宛如天宮金闕。

↑江南園林大鯤園

南鯤鯓代天府除了一般的平安符，還有以金紙包起的香灰，可代表代天府的香火，用來護身或鎮宅。而萬善堂旁也開設有一家文創館，其中有各式五王的紀念品，可裝平安符的五王神衣或裝有開運鹽的錦袋，都可拿去過香爐，不僅保身開運，也是很時尚的紀念品。

旅遊小建議

萬善堂旁的萬善公園和廟前的大鯤園、碑林等，都是值得賞景散步的景點。「大鯤園」是一處佔地約 6 公頃的江南式庭園，整體的風光、造景美侖美奐，也是許多電視劇的拍攝場景。如果進入大鯤園，就需花上 1、2 個小時的時間。向外延伸行程可到北門的水晶教堂和井仔腳瓦盤鹽田，都是不錯的景點。

東港東隆宮

地址：屏東縣東港鎮東隆街 21-1 號

電話：(08) 832-2374、832-2961

官網：http://www.66.org.tw

↑ 東隆宮

↑ 正殿主祀溫府王爺

　　清康熙 45 年（西元 1706 年），東港海岸「太監府」（舊稱崙仔頂，今鎮海里）附近，一夜之間堆滿了大量自福建隨洋流而來的木材，木材上寫著「東港溫記」。眼見這奇異景象，民眾就傳說這是溫府王爺顯靈。

　　後來，溫府王爺指示，要在「太監府」（鄭和下西洋時部份船隊因颱風靠岸所建）舊址建廟，並且依這些木材的大小、尺寸，恰如其分地使用。有神明的諭示，又有神明交付的建材，當地民眾就展開建廟工程，也聘請名師雕塑神像，擇吉日入火安座。

　　一直到清光緒 20 年（西元 1894 年），東港發生海嘯，濤天巨浪

不斷捲向東隆宮，當地士紳林合就集合信眾，駕船筏奮力劈開廟壁，及時搶救王爺金身。就在瞬間，整座廟宇崩塌，沖入滾滾洪流中。歷經此劫，信眾都相信這是溫府王爺顯靈，也更加崇信。就在海水完全未退去之際，溫府王爺再度指示，選定海中的一片「浮水蓮花」穴，做為新廟址。民眾百思不解，因為此地低窪，經常淹水。但在此重建東隆宮後，就從未受過水災，這也讓民眾更加相信溫府王爺的神力。

↑ 雄偉牌樓

二次戰後，百廢待舉。東隆宮年久失修，於民國 36 年（西元 1947 年）進行修建。但舊有廟宇仍不敵歲月摧殘，到了必須重建的階

段。於是在民國 66 年（西元 1977 年）成立重建委員會，歷時 7 年的重建，於民國 73 年（西元 1984 年）完工，並舉行入廟安座平安祭典。民國 86 年（西元 1997 年）改建牌樓，新建山門金碧輝煌、氣勢磅礴，也展現信眾對溫府王爺崇高的敬意。

三年一科的迎王祭典

一般人對於溫府王爺比較陌生，祂姓溫，名鴻，字德修，生於隋煬帝大業 5 年（西元 609 年），山東濟南府歷城縣白馬巷人。出生於書香世家，自小聰穎，生性忠義，文武雙全。曾於唐太宗巡遊之時，英勇救駕。當時一同救駕者共 36 人，以祂居首功，唐太宗一併封為進士，36 人也義結金蘭，皇帝更賜祂前往山西擔任知府。

後來鄰近地方發生亂事，官兵勦匪失利。於是唐太宗又派祂為總領，36 進士一併發兵討伐，英勇之師大破叛軍，地方太平，太宗皇帝又封祂為「王爺」。天下承平之際，36 進士領旨巡行天下，但在一次海上出行時，卻遇海難，進士們無一倖免。據當時獲救的水手說，當時天上傳來仙樂，海上現出七彩祥雲。太宗皇帝相信他們已經成神，下旨追封「代天巡狩」，也令各地建廟奉祀，春秋致祭。再下令造王船，稱「溫王船」，內奉溫王爺與義兄弟，於大醮後送入海中，王船上懸掛御書「遊府吃府，遊縣吃縣」，也召告天下，凡溫王船所到之處，須大禮祭拜，以慰溫王在天之靈。

三年一科的東港迎王（東港燒王船）被譽為一生一次要參加一次的宗教慶典，也獲得文化部頒給「國家重要無形文化資產」證書。主辦的廟宇即是東港東隆宮，東隆宮主祀溫府王爺，是泉、漳一帶的海上守護神。

迎王平安祭典為福建沿海的傳統，有「遊地河」與「遊天河」兩種。「遊地河」是將王船放在海上漂流，祈求海上平安、身體健康。而東

隆宮的形式是「遊天河」，也就是以陸上焚燒的方式，掃除不淨、災難、厄運，最後燒化王船，讓王爺返回天庭覆旨。

2018 年正逢東隆宮每 3 年 1 次的迎王平安祭典，時間是 10 月 28 日至 11 月 4 日，有興趣的讀者可以前往參加，體驗迎王、燒王船的盛會。

東隆宮除了代天巡狩、護境保民的溫府王爺外，正殿也陪祀註生娘娘、福德正神、水僊尊王和境主尊神。凌霄寶殿供奉玉皇大帝與三官大帝，先師殿十分特別，主龕祀倉頡先師，左右陪祀孔子及亞聖孟子。

↑ 2018 年迎王用王船

開運祈福小秘訣

溫府王爺對於保佑豐收、祈求平安十分靈驗，可以在服務台購買溫府王爺的令旗和可愛的香火袋，誠心敬拜、祈求後，可帶回家中或隨身攜帶，讓王爺的神力加持，幫你掃除厄運。

旅遊小建議

東隆宮附近有家知名的鄭記肉丸榮，肉圓裡加了蝦仁，是很特別的風味。東隆宮鄰近大鵬灣風景區，有賞景步道，也可以到帆船基體體驗獨木舟等水上活動。如果想買些伴手禮，品嘗一下東港有名的黑輪，可以到新生一路的東港漁業文化展示館，旁邊的市場可以讓你買到手軟！

PART 4
神明加持增強氣場

透過拜拜，請神明庇佑，不外乎希望自己能一帆風順，即使碰上危機，也能夠迎刃而解；就算是命中流年帶有災劫，也能夠大事化小、小事化無、事事平安！除了拜拜之外，還流傳有許多消災、開運的妙法，且讓我一一道來。

開運祈福儀式

民間常見的祈福、開運方法，最常見的就是安太歲、點光明燈和拜斗等，幫自己化解災厄、開啟好運。

安太歲

↑廟宇每年都會提供安太歲說明　↑新北市新店開天宮斗姥元君與 60 太歲星君

每年到了農曆年前後，總是有人擔心自己犯太歲，因此會到廟裡「安太歲」。但其實需要安太歲的生肖不只是當年度的生肖，還有「偏沖」、「對沖」的說法。

對於一般人來說，要搞懂其中原理，還真是有點複雜。不過，現在廟中大多會製作大字報，說明各生肖當年的沖犯制煞，註明哪些生肖需要安太歲、點光明燈，或制解病符、五鬼、天狗等。基本上，解決生肖流年的沖煞也不複雜，大概就安太歲、點光明燈和制解（或稱祭解）3 種方式。

　　太歲星君共有 60 位，由 10 天干和 12 地支排列組合，一甲子剛好60 年。每一年都有一位值年太歲，主掌人間善惡和本命禍福。明代編集的《三命通會》記載：「經云：生時相逢真太歲。假如甲子生人又見甲子年，謂之真太歲，又名轉趾煞，要大運日主與太歲相和相順，其年則吉。」所以逢太歲年，如果大運與太歲相合，這一年是大吉的；但如果生年與太歲有「刑」、「沖」、「破」、「害」，這一年就有凶運，災禍難免。這就是說，如果有「刑太歲」、「沖太歲」、「破太歲」、「害太歲」的人，不吉恐有禍。

　　因此除了適逢「本命年」的生肖需要安太歲，遭逢「刑太歲」、「沖太歲」、「破太歲」、「害太歲」這幾個生肖也需要安太歲，以 2018的戊戌年為例，生肖屬狗犯太歲、生肖屬牛刑太歲、生肖屬龍沖太歲，生肖屬羊破太歲，生肖屬雞害太歲。

　　安太歲可以安奉在廟裡，也可以在家做。但是現代人生活忙祿，家中可能也不適合貼太歲符，也不懂得上疏文、按時敬拜。所以最好的方式還是找地方旺廟，請廟方代勞，也有法師上疏文，保一年平安。

點光明燈、文昌燈、財神燈

↑財神廟財神燈

↑財神燈

　　每年點光明燈也是台灣的傳統習俗，點燈取意於「光明」、「照耀」的意義。道教和佛教都使用點燈來做為照耀本命元辰、破除地獄黑暗及祈求福慧的做法。道教認為「神照萬里，行道禮誦，燈燭為急，續明破暗，且上映九玄諸天福堂，下通九幽無極地獄。」佛教以燃燈供佛有無上功德，《佛說施燈功德經》上記載：「若有眾生於佛塔廟，施燈明者，得於四種可樂之法。何等為四，一者色身，二者資財，三者人善，四者智慧。」也就是說，燃燈供佛的人，可以得到相好莊嚴、資財富足、具有上乘善根和聰明智慧。

　　因為點燈有破除幽冥、照耀光明的功德，所以不管是燃燭、燃油燈、點光明燈（電燈），都會貼上祈福者的名字，祈求燃燈能照耀自

己的本命元辰，同時消災解厄，一切平安順利。有些廟宇也會設計不同功能的「光明燈」，像是財神燈、姻緣燈、文昌燈……等，當然也會由法師依不同目的，為祈福者稟陳疏文，祈求神明庇蔭。

朝真禮斗（拜斗）

朝真禮斗是道教特有的科儀，因為人的魂魄宿於「斗府」，斗府代表個人的本命元辰，每個人都有對應的本命星君。道教即依《北斗星君賜福真經》、《南斗星君延壽真經》發展出禮斗朝真的科儀。經中記載北斗星君與南斗星君主宰人的災厄罪愆、富貴長生，北斗主消災、南斗主長生，所以俗稱「南斗註生、北斗註死」。所以「拜斗」可以照亮本命元辰，消災獲福。

↑平安斗燈

「拜斗」的斗座由 8 種（也有 12 種的說法）物品所組成，包括圓斗、米、劍、剪刀、秤、尺、圓鏡、油燈與寶傘，各有含意。圓斗象徵天；米代表星辰，也是避邪之物。七星桃木劍象徵斬除不祥，東方屬木；剪刀象徵剪除邪祟，南方屬火；秤代表知所輕重，西方屬金；竹尺代表做人有分寸，北方屬水；圓鏡反照，輝映本命元辰，中位屬土。油燈代表照亮本命元辰，務使長明不滅。寶傘代表守護、照護本命元辰之意。

台灣較大的廟宇多在春、秋兩季會舉辦禮斗朝真法會，是扭轉運勢、走出陰霾很好的道教儀式。

梁皇寶懺法會

　　道教有朝真禮斗，佛教則多舉辦梁皇寶懺法會來懺除宿罪、祈求現世平安順遂。梁皇寶懺是梁武帝為了超度皇后，請寶誌禪師與 10 位高僧共同輯成，所以稱「梁皇寶懺」。此懺法主要在皈依諸佛，懺悔罪業，以求除罪增福，度脫亡靈。

　　梁皇寶懺的起源於梁武帝的皇后郗氏生性惡毒、善妒，又輕慢佛、法、僧三寶，因為嫉妒梁武帝學佛，曾撕毀經書，死後轉世為蛇。有一天蛇盤踞在梁武帝寢宮樑上，梁武帝大怒，說：「我的宮殿是莊嚴之地，豈是蛇可以藏身之地，你一定是妖孽！」沒想到蛇開口說：「我是被貶的郗氏，因為不信佛法、善妒，結果轉世為蛇，現在既飢餓又無處可去，希望你念在夫妻之情，能超渡我脫離苦海，來生一定回報恩德！」梁武帝聽完，就急忙召請教寶誌禪師，問他該怎麼做才能超渡皇后？禪師說：「要建佛寺、齋僧，誦經懺悔，弘揚佛法。」於是請禪師依佛經編輯懺罪要義。當法會結束後，郗氏現身，說：「承蒙佛力超薦，我將脫離畜生道，轉生天上，特來致謝！」

　　後世就沿用梁皇寶懺來做為除罪祈福的懺法，簡稱「拜懺」。此懺法需由法師帶領，進行皈依、懺悔、解冤、禮佛、迴向等儀式，藉由念誦懺法，讓信眾能感念佛恩，懺毀今日、往昔所造諸惡，並升起慈悲心與菩提心，一心歸命諸佛。以懺毀除罪，也迴向冤親債主、往生親友，同蒙福報。

　　※ 說明：佛化的廟宇有些也會舉辦禮懺法會，禮懺法會也不只梁皇寶懺，還有三昧水懺、慈悲藥師寶懺、八十八佛洪名寶懺等，皆為滅最消怨、增天福壽的佛教法門。

拜對良辰吉時

民間習俗中嫁娶、開工動土或是拜拜、祭祖，還是會參考農民曆，或是請神明或「老師」擇日。所以，希望祈福、開運，拜拜也要選對日子，達到事半功倍的效果。

傳統習俗中，一般家庭在初一、十五，商家在初二、十六拜土地公。選擇初二、十六源自於古代「做牙」的觀念，希望生意興隆、財源廣進，農曆二月初二稱「頭牙」，十二月十六稱「尾牙」。想要開運祈福，這些日子拜拜也特別靈驗。

正月初四接神、初五接財神

農曆正月初四接神、初五接財神應該已是普遍的習俗了。正月初四接神是因為農曆年前的十二月二十四日送神、送灶神，到了正月初四，家神和灶神要回到人間，所以擺設香案迎接。但現代家庭越來越少人安置神明廳或神桌，也就省去了接神的習俗，而改變成接財神。

接財神可在門口擺設香案，準備供品、金銀箔紙，對著四面八方默禱：「迎接五路財神降臨，賜福賜財，祈求闔家吉祥平安！」如果允許的話，也可以燃放鞭炮，因為習俗上認為有催旺財氣的功效。

↑ 初四接神

此外，也可以到廟裡接財神、招財氣。在初五這天，許多大廟也會有贈送發財金的活動。到財神廟、土地公廟，或是講究一些到四面、五方的旺廟都走一回，向廟中主神及陪祀財神祈求降福、賜財，帶回發財金或財符，安置於家中財位。如果家中已有去年結緣的吉祥物，也可以帶到廟中過香爐，請神明加持。

　　而初五也有人稱「破五」，也就是「送窮日」。所以初五這天，不只接財神，也送走窮神，是一年之初重要的日子。

正月初九拜天公

　　農曆正月初九是玉皇大帝聖誕，俗稱「天公生」。玉皇大帝又稱玉皇上帝、昊天上帝等，是天界的主宰，掌握人間禍福。下轄眾神，指揮日、月、星、風、雨、雷、電等諸神，可以呼風喚雨、賜福降災，是民間信仰中位階最高的神祇。

　　所以自古以來，天子祀天來祈求國泰民安；民間大廟中也設凌霄寶殿來供奉玉皇大帝與三官大帝，住家的神明廳也懸掛高爐敬祀，稱天公爐。因為玉皇大帝是至高無上的神明，有句俗諺說：「初九若無暴，眾神不敢暴。」意思就是初九這天如果沒有風暴，那麼一整年也不會有風暴之災了。所以祈福、求平安，絕對要敬祀玉皇大帝。

↑ 天公聖誕

民間以農曆正月初九為玉皇大帝聖誕，所以在這一天的子時，也就是初八午夜11時至初九1時，準備鮮花素果、齋菜12碗，擺設香案來敬拜天公。傳統習俗還需要由家中長者帶領敬香，再行三跪九叩大禮。附帶一提的是，傳統拜天公需準備上、下桌，上桌供天公，以素齋、水果為供品；下桌為敬拜玉帝所屬諸神，備三牲或五牲等葷食。因為仍在新春期間，也準備發糕、紅龜粿等象徵吉祥如意。

二月初二龍抬頭、八月十五土地公聖誕

↑土地公聖誕

　　正月初二稱「頭牙」，也是土地公聖誕。土地公在台灣是普遍敬

祀的財神爺，所以聖誕這天，都特別隆重敬祀，祈求土地公保佑。古老習俗也將這天稱為「龍抬頭」，是主管雨水的龍王聖誕，所以為龍王祝壽，也祈求四時無災。

台灣民間在「頭牙」這一天也會為土地公盛大祝壽，舉辦法會，再準備筵席，請大家「食福」。二月初二的「頭牙」為春節後第一個牙祭，所以商家也多會盛大敬祀土地公，祈求一年的生意興隆、財源廣進；有些公司行號也會請員工「喝春酒」，勉勵大家這一年能業績長紅。但，台灣的土地公生日各地也略有不同，也有以八月十五為土地公生日。

三官大帝聖誕：正月十五、七月十五、十二月十五

除了玉皇大帝外，神格極高、主掌賜福、消災、赦罪的 3 位神明就是「天官紫微大帝」、「地官清虛大帝」及「水官洞陰大帝」，合稱「三元三官大帝」。所以三官大帝的聖誕：正月十五、七月十五和十二月十五，也是祈福拜拜不可錯過的好日子。

敬祀三官大帝的時間也在子時，也就是前一晚的 11 時至當天的 1 時。可準備壽麵、6 碗齋菜、鮮花水果等，金紙則準備天金、大壽金、壽金、土地公金等。誠心點香祝禱：「恭祝天官（地官、水官）大帝聖誕，敬請天官大帝及諸路神明降臨，祈願天官大帝賜福降財，保佑闔家平安，諸事吉利。」

國曆四月五日清明節祭祖

清明節是流傳千年的傳統節日，又稱掃墓節，清明為農曆春分的後 15 天，但現在多訂在國曆四月五日，是對先人表達感恩及「慎終追遠」的日子。清明節當天，可以先在自家神龕的祖先牌位前祭拜，

然後出門掃墓。

　　其實不只是清明節，一般傳統的節日，或是祖先的忌日，傳統上除了敬拜神明外，也會祭拜祖先，表示自己不忘本、飲水思源，感念祖先福蔭後代，也是一種孝道的展現。盡孝之人，眾神也必定慈悲守護。

↑ 后土掛紙

↑ 掃墓掛紙

　　在此也介紹一下台灣「掃墓」的習俗。基本上可分為「培墓」與「掛紙」兩部分。「培墓」是隆重的祭墓儀式，要準備三牲或小三牲祭后土社神，另備三牲及菜碗（6、10 或 12 碗）、水酒等。菜碗以葷齋等熟食為主，再加上鮮花、四果及蠟燭。待所有家族成員到齊後，由長輩帶領祭祖。

　　「掛紙」或稱「獻紙」、「壓紙」，是用有波紋邊的墓紙，幾張折成波狀，再壓入墳上，或用小石頭壓住，意思是幫祖先整修房子、添

新瓦。也將墓紙壓在墓碑上、后土碑上。

　　祭拜完成後再燒化金銀箔紙，大致會準備敬獻神明及土地公的壽金、刈金、土地公金，及敬獻祖先的刈金、大小銀紙等。

九月初九重陽節

　　除夕、清明及重陽都是祭祖、敬祖的重要節日。九九重陽節的字義源自於兩個「九」字，因為習俗認為「九」字為最大的陽數，九月初九就組成了「重九」，又稱「重陽」。自古以來就有過重陽節的記載，如漢〈西京雜記〉：「漢武帝宮人賈佩蘭，九月九日佩茱萸，食蓬餌，飲菊花酒，云令人長壽。」而傳說漢高祖時，有位宮女受呂后迫害，被逐出宮，也就將皇宮的重陽習俗帶到了民間。

　　重陽節也有登高、「曬秋」、飲菊花酒的習俗。因為這個時節正是菊花盛開的時候，所以文人騷客相約賞菊、品菊花酒、吃菊花糕。因為民間認為九月初九是逢凶之日，有瘟魔下凡的傳說，所以佩帶茱萸，飲菊花酒來趨邪，菊花也有象徵長壽之意。日後重陽節就演變為敬老、登高，祈求平安健康的節日。當日也祭祖來表達慎終追遠，供品與一般祭祖相同。

十二月二十四送神

　　台灣民間稱農曆十二月二十四日為「送神日」，是恭送家神及送灶神回天庭覆旨的日子。民間習俗認為，灶神是監察一家善惡之神，所以盡早送走祂，盡快準備歡樂過年；而正月初四是「接神日」，就盡量晚一些接神。所以有「送神要早，接神要晚。」的說法，所以送神大多選擇卯時（早上5~7點），準備甜品等供品，希望灶神的嘴能「甜」一些，多說些好話。

送神後，就可以清理神龕，稱為「清塵」、「清黗」或「清囷」。動作之前，先稟告神明，請神明離身，一切清淨。然後可擦拭神明、清理香爐。香爐內的香灰要先篩過，留7分滿即可。俗語說：「爐若鬆，賺錢就輕鬆。」但謹記香灰要用杓子舀，不能用倒的，否則家運會倒光。再講究一點的做法是，清出香灰後，再以壽金點火繞過爐內、外，意為「起爐」；再放入春草灰（春天的稻草和6種藥草燒成）和七寶：金、銀、銅、鐵、珍珠、瑪瑙及五色線，再插上舊有的3支香腳，意為延續香火。

　　清理完畢後，再上香請神明歸位。有人認為不是送走神明了嗎？為何還要請神明歸位。因為家中不可能沒有神明坐鎮，這時天庭會派下代理神明，暫代神職。

　　如果家中沒有安奉神位，也可以擺香案，向外敬拜。恭送家中神明暫返天庭，感謝祂們一年來的庇佑，也希望祂們能消災赦罪，為自己增福、增壽、賜財。

除夕及正月初一拜天公、祭祖

　　一年的最後一天，全家準備吃團圓飯之前，當然要先感謝天神、家神，以及祖先的庇護。所以在除夕當天要先謝神，再祭祖。除夕的當天子時，也就是前晚的11時至除夕的1時，準備鮮花、素果、素菜等敬拜玉皇大帝，感謝祂及轄下諸神的保佑。

　　除夕當天下午，選擇吉時，一般人會選在晚餐前的申時（傍晚5~7時）祭祖，也是代表慎終追遠的意思。敬告祖先，今日正值除夕，是一家團圓的日子，敬備供品，請祖先享用。因為當晚的團圓宴一定準備不少菜，都可先敬拜祖先。燒香、擲筊請祖先享用後，燒化金銀紙，就等於開始進入過年的一系列活動。

　　正月初一俗稱「開正」或「開春」，象徵一年的開始，所以也敬

拜天公與祖先。時間與除夕相同，也有不少人子時到大廟「搶頭香」，因為習俗傳說新年的第一柱頭香，一定會得到神明特別的庇佑！

天赦日利於消災祈福

曆書中記載：「天赦日宜祭祀、祈福、求嗣、齋醮、結婚、嫁娶、修墓、造葬，吉。」也就是在天赦日做任何事都適合。一年之中有 4 天的天赦日，分別是立春後的戊寅日，立夏後的甲午日，立秋後的戊申日及立冬後的甲子日。這 4 天是以天干地支的五行理論為基礎而產生的，戊寅為土木日，土生木；甲午為木火日，木生火；戊申為土金日，土生金；甲子為木水日，木生水，都屬於相生的關係，所以被定為吉日。

天赦日是添福、延壽、補運、補財庫、懺悔赦罪的好日子，特別是累世的冤結，因為因果造成的障礙，像是諸事不順、漏財、血光、官非或是久病不治等，都可以在天赦日向玉皇大帝祈求赦免。再者，也可向三官大帝、南斗及北斗星君、觀世音菩薩及地藏王菩薩等神明祈求赦罪。因為天赦日最忌造惡、造殺業，所以應該要準備素食的供品，民間也可買到「天赦金」，可搭配使用。

吉祥風水物保平安

　　台灣民間的拜拜習俗，流傳了數百年，除了崇信的神明不變，甚至更多，而拜拜的方式與所用的供品、器物，大多隨著時代而改變。像是金銀紙，因為環保意識而改用環保紙、環保油墨，傳統的香火袋，也變得更加精緻。

護身符、大符

　　台灣囝仔應該對廟裡的神符和紅色香火袋不陌生，至今大部份的廟裡仍可拿到折成六角型的神符，也有改成紅色塑教套裝著神符的香火袋。這些神符經過「過香爐」而帶有神明的靈力，隨身攜帶可以常保平安、健康。現在的大廟也設計開運物，讓信眾帶回家，可以鎮宅、開運，或是增添財氣。

↑ 刺繡護身符

↑ 神衣護身符

↑ 神符

　　廟中的神符可能不只一種，可視自己的需求求取。此外，除了一般常見的寬約 8 公分、長約 26 公分的神符外，還有一種寬約 20 公分

的「大符」。「大符」上面多印有神明，可用來貼於門上鎮宅，或供奉於家中。「小符」可隨身攜帶，也可貼於家中鎮宅。不論大、小符，都要經過「過爐」，也要注意保持「清淨」來保持靈力。

現代人如果要掛傳統的護身符，似乎有點突兀，所以很多廟宇設計出刺繡的小袋或小神衣，改成文創裝飾品，變得很時尚。也可將求來的神符，有字的正面朝上，折成小張，隨身攜帶，可隨時得到神明的護佑，常保吉祥如意。

香灰

香灰，就是香爐中的灰燼。一般廟宇進香會有合爐的儀式，也就是前往祖廟或進香時，由法師或道長將祖廟的香灰放一部份到來進香的香爐中，就是俗稱的「割香」或「刈火」。但也不一定是「分香」的意義，而是一種禮貌的「進香」。

傳統有到廟中求香灰來加入藥中的作法，或是直接當藥、和水飲用。目的是希望藉由神明的靈力，來解除病痛。當然，現代醫學是絕對不贊成這樣子做的。所以，香灰也是用來當做神明靈力的延伸，可以包入符中，隨身攜帶。或是帶回家當做灑淨之用，也是趨吉避凶的方式之一。

↑有些廟宇會把香灰以金紙包好供信眾取回

開運吉祥物

　　許多財神廟都會設計開運吉祥物供信眾請回家，最常見的就是金雞。因為習俗中有「金雞報曉」、「金雞報喜」的諺語，「雞」又與「吉」諧音，所以代表吉祥喜慶。金雞又會生金雞蛋，特別是經過財神加持過的金雞，會帶財、進財。擺放在家中財位的金雞，還要每天供祂白米、水，讓祂常保靈性，天天幫你進財。

　　另外，民間也很喜歡金龜、三腳金蟾等招財神獸，嘉義文財廟還有文財尊神的座騎「金孔雀」，都是開運求財的吉祥物。求取的方式各廟不同，可先詢問廟方，有些廟宇還會特別為神獸開光。

↑ 金雞聚寶盆

↑ 金孔雀

安宅、鎮宅風水物

　　除了以招財為主要目的的吉祥神獸外，也有鎮宅擋煞的吉祥神獸。特別是家中氣場不順，也可以至廟中結緣貔貅、龍龜，或濟公的葫蘆，也可以自行購買，再帶到廟中請法師幫忙開光。

↑龍龜　　　　　　　　　　↑貔貅

開運飾品傍身

　　平日開運也可搭配特別設計的項鍊、手環、手錶及胸針等飾品，搭配自己的生肖、五行，達到補運、開運的效果。最常見的為開運手鍊或手環，也常使用帶有磁場的水晶來調整自己的氣場。可以戴粉紅水晶鍊來助旺桃花，以黃水晶來催旺財運，以紫水晶來招貴人，以金絲髮晶來助旺權勢。

　　顏色也代表五行，白色屬金、紅色屬火、黃色屬土、綠色屬木、黑色屬水。形狀也有五行，三角形屬火、波浪形屬水、圓形屬金、長條形屬木、方形屬土。至於本命生肖該以何種顏色或形狀的開運物來開運，在命理上也有多種理論，都可以參考。

| 結語 |
旅行兼開運，越拜越好命
——本書作者 楊逢元

台灣豐富而多樣的廟宇，隨著民間信仰發展成地方特色文化後，拜拜不再只是落伍或不文明的行為。特別是因「信仰」而存在的廟宇，以神明的事蹟來教忠、教孝，形成一股安定社會的力量，也以對神明的崇信，進而律己利他。也因為共同對神明的敬重，而為神明建造巍峨的殿堂，傳統工藝在此展現、延續，像是彩繪、剪黏、木刻、石雕等，豐富的喻意與故事，值得閱讀、觀賞。

大多數人到廟裡拜拜，無非就是希望能「有拜有保庇」、「有求必應」。願望有很多種，有求事業發達的、有希望發財致富的、有祈求身體健康的、有希望考試順利的、有希望早日成家的，因此各地的廟宇也因應信徒需求，逐漸供奉更多的陪祀神明，來滿足信眾的願望，這也是台灣廟宇的一大特色。

「積善之家必有餘慶，不善之家必有餘殃」，有信仰的人，多行善積德，以求今生或來世的福報。拜拜或許能滅罪消愆，但傳統信仰中，人是有善惡果報的，樂善好施者，必得神明庇蔭，福祿壽三全。

所以，在心無所依、思緒紊亂時，或許到廟宇走走，或從神明的籤詩中，能得到心緒的穩定，或豁然開朗找到方向。更有人說，旺廟的磁場極好，走走可以接受正能量，擺脫穢氣，增加更多的好運。

趁著假日，規劃一趟到旺廟的祈福行程，既獲得身心的紓解，又能讓自己充滿正能量，對生活有更美好的期待。而且各種不同的主祀神明，有各自的傳奇，也為地方增添不少靈驗故事，也讓「拜拜」就像閱讀在地的文化與歷史。「拜拜」不只是心靈的寄託，也是豐富閱歷、增廣見聞的旅行。

ACCROSS 042

台灣多奇廟，遊出好運道

作　　者——楊逢元
主　　編——余玫鈴
責任企劃——余玫鈴
美術設計——林恆葦（源生設計）
內文排版——林恆葦（源生設計）

編輯顧問——李采洪
發行人——趙政岷
出版者——時報文化出版企業股份有限公司
一〇八〇三臺北市和平西路三段二四〇號三樓
發行專線——（〇二）二三〇六六八四二
讀者服務專線——〇八〇〇二三一七〇五・（〇二）二三〇四七一〇三
讀者服務傳真——（〇二）二三〇四六八五八
郵撥——一九三四四七二四時報文化出版公司
信箱——臺北郵政七九～九九信箱
時報悅讀網——http://www.readingtimes.com.tw
電子郵件信箱——newtaste@readingtimes.com.tw
時報出版愛讀者粉絲團——http://www.facebook.com/readingtimes.2
法律顧問——理律法律事務所 陳長文律師、李念祖律師
印　　刷——詠豐印刷有限公司
初版一刷——二〇一八年十月十九日
定　　價——新臺幣三九九元
（缺頁或破損的書，請寄回更換）

時報文化出版公司成立於一九七五年，
並於一九九九年股票上櫃公開發行，於二〇〇八年脫離中時集團非屬旺中，
以「尊重智慧與創意的文化事業」為信念。

台灣多奇廟,遊出好運道 / 楊逢元著. -- 初版. -- 臺北市：
時報文化, 2018.10
　　面；　公分. --(Across ; 42)
ISBN 978-957-13-7418-5(平裝)
1.寺廟 2.民間信仰 3.臺灣
272.097　　　　　　　　　　　　　　107007076

ISBN 978-957-13-7418-5
Printed in Taiwan